KB108427

수교 50주년에 돌아본
스톡홀름과 평양 외교 이야기

# 스웨덴과 한반도

수교 50주년에 돌아본 스톡홀름과 평양 외교 이야기

# 스웨덴과 한반도

발행일    2023년 6월 12일

지은이    이정규
펴낸이    이정규
펴낸곳    리앤윤
출판등록    2023년 4월 11일(등록번호 412-92-01982)
주소    서울시 용산구 이촌로87길 13
전화번호    010-9409-2343
이메일    jklee87@mofa.co.kr

편집/제작   (주)북랩

ISBN    979-11-983549-0-7 93340 (종이책)   979-11-983549-1-4 95340 (전자책)

수교 **50주년**에 돌아본
**스톡홀름**과 **평양** 외교 이야기

# 스웨덴과 한반도

이정규 **지음**

세계에서 가장 폐쇄적인 국가인 북한조차 문호를 개방하게 만든
## 스웨덴의 대북한 외교
이정규 전 주스웨덴 대사가 그 막전막후의 이야기를 생생하게 들려 준다!

**리앤윤**

## 들어가며

스웨덴 하면 연상되는 이미지는 여러 가지이다. '세계적인 복지국가', '요람에서 무덤까지', '바이킹의 후예들', '말괄량이 삐삐의 나라', '라테파파의 나라', '팝 혼성 그룹 아바' 등 우리에게 친근한 표현들이 머리에 떠오른다. 스웨덴은 6·25 전쟁 때 중립국으로서 전투병 대신 연인원 약 1천여 명의 의료팀을 부산에 파견하여 야전병원을 운영하면서 많은 전쟁 부상자를 치료하였고, 전후 중립국 감독위원회에 참가하여 한반도 평화와 안정에 기여한 고마운 나라이다. 그러나 선진 복지국가 스웨덴이 반세기라는 오랜 기간 북한과 외교 관계를 유지하면서 북한과 유대를 이어 온 나라라는 것은 잘 알지 못한다.

34년의 외교관 생활을 하였던 나 역시 스웨덴이 한반도의 긴

스웨덴과 한반도

장 완화를 위하여 해왔던 역할을 어느 정도 알고는 있었지만 깊숙이 이해하였던 것은 아니다. 그러나 스웨덴대사로 내정되면서부터 '수천 킬로미터나 떨어진 이 나라가 극동 귀퉁이에 있는 한반도 문제에 관하여 관심을 가지게 된 배경이 무엇일까', '더욱이 이념적으로도 유사하지 않은 북한과 어떻게 관계를 계속 유지할 수 있었을까', '그리고 어떠한 성과를 거두었을까' 하는 호기심이 들었고 그러다 보니 스웨덴의 한반도 외교에 관하여 더욱 심도 있게 알아보겠다는 생각을 가지게 되었다.

직업 외교관으로 외교부의 고위 직책을 맡으면서, 그리고 해외 여러 대사관에서 일하면서 각국 외교관들로부터 다양한 질문을 많이 받았다. 그러나 그 질문을 헤아려보니 80% 이상은 북한에 관한 것이었다. 우리나라 관련 정보는 이미 다 공개되어 있으므로 외국 사람들은 나에게 한국에 관해 물어보기보다는 북한에 대해 궁금한 것이 너무나 많다고 하면서 이에 대해 주로 물어 왔다. 외국 사람들이 정보가 차단된 북한에 관해 한국 외교관에게 질문하는 심정도 이해 못 할 것은 아니고 묻는 질문 대다수는 한국 사람이라면 누구나 답변이 가능한 일반적인 수준의 질문들이었다. 이러한 질문에 성심껏 답변해 주면서도 나의 마음 한구석은 항상 찜찜함이 남아 있었다. 북한에 관해 좀 더 체계적이고 권위 있는 설명을 해 줄 수 있다면 더 좋았을 텐데 하는 마음 때문이다. 그래서 나는 외교부에 근무하는 동안에 외교 업무와 함께 북한에 관한 연구를 해 나갔고, 이를 바탕으로 스웨덴에 재임하는 동안 내내 서방의 어느 국가보다도 북한과 오랫동안 관계를 유지하고 있는 스웨덴이 북한과 교섭하고 진행해 온 내용을 심도있게 살펴보고자 하였다. 마침 내가 스웨덴에 주재한 2018년~2021년은 북미 대화가 한창 진행되었고 이와 함께 스웨덴의 물밑 평화 중개외교가 절정에 달한 시기여서 현장에서 스웨덴의 대북한 외교 관계를 잘 관찰할 수 있었다.

스웨덴은 1973년 북한과 외교 관계를 맺었고 2023년에 수교 50주년을 맞이할 정도로 서방 국가 중에서 가장 먼저 북한에 다가간 국가이다. 또한 지난 수십 년간 줄곧 대립과 반목을 이어 온 북한과 미국 두 나라 사이에서 대화를 촉진시키고 대화가 중단되었을 때 다시 대화를 재개하도록 물밑에서 이어 주는 역할을 하였던 국가이다. 스웨덴의 평양 주재 대사관은 북한에 대사관이 없는 미국 정부를 대신하여 미국 국민의 영사 보호 임무를 수행하는 미국의 이익대표부 역할을 하고 있다. 또한 미국뿐 아니라 캐나다와 호주의 이익대표부도 맡고 있다.

제1차 싱가포르 북미정상회담이 열리기 한 달 전인 2018년 5월 주북한 스웨덴 대사관은 미국 정부를 대신하여 북한에 억류된 미국 국민 3명을 석방하기 위한 교섭을 진행하여 조기 석방시키는 데 성공하였다. 어느 나라 정부나 자국민의 생명 보호와 안전은 최고의 우선순위이다. 특히 자국민의 안전을 국가의 가장 중대한 목표 중 하나로 삼고 국민의 생명과 안전에 특별한 민감성을 보이는 미국 정부에게는 국내정치적으로 더욱 그 의미가 크다. 미국 국민의 안전한 석방과 북한의 선의는 역사상 최초의 북미정상회담이 임박한 시점에 미국 정부의 분위기를 부드럽게 만들고 미국 국민의 북한에 대한 이미지와 태도를 누그러뜨리기에 충분하였다고 본다. 이 일의 중간에 바로 스웨덴이 있었다.

또한 2018~2019년 한반도에 평화를 정착하고 남북한이 화해를 추구해 나가는데 중요한 이정표가 될 수 있는 역사적인 두 차례의 북한과 미국 간의 정상회담이 개최될 수 있었던 것은 스웨덴이 중개 역할을 하였기에 가능하였다. 스웨덴은 2017년 한반도 담당 정부 특사를 별도로 임명하였고, 특사는 평양, 워싱턴, 서울을 수시로 오가면서 북미 대화를 촉진하는 노력을 하였다. 그런 노력의 결과로 양국 간에는 우호적인 분위기가 조성되어 제1차 북미정상회담이 순조롭게 개최되었다. 나아가 1차 북미정상회담 이후에도 스웨덴은 평화 중개외교를 계속 시행하여 북미 간 대화가 지속하여 이어지도록 중간에서 역할하였다. 구체적으로 설명하자면 스웨덴은 2019년 2월 하노이 2차 북미정상회담 개최 직전에 스톡홀름 외곽 하크홀름순트Hackholmssund에서 남북미 3국 북핵 수석대표 회동을 주선하였다. 이 3자 회동은 스티븐 비건Stephen Biegun 미국 대북 정책 특별대표가 새로 임명된 후 북한의 상대인 최선희 외무성 부상을 만나기 위해 여러 방도로 기회를 엿보고 있었지만 쉽게 양자 접촉이 성사되지 않고 있던 시기여서 비건과 최선희의 첫 번째 상견례이자 공식 접촉 기회가 되었다.

나아가 2019년 2월 하노이에서 제2차 북미정상회담이 서로의 입장 차이로 인해 아무런 합의 없이 종료된 후 북한 김정은 국무위원장은 큰 실망감을 표출하며 미국과의 대화를 중단하였다. 미국은 마이크 폼페오Mike Pompeo 국무장관이 북한을 방문하여 북한을 설득하기 위해 노력하였으나 북한의 완고한 입장 때문에 빈손으로 귀국할 수밖에 없었고 대화가 단절된 상태로 7개월 이상의 시간이 흐르고 있었다. 대화 재개 가능성이 보이지 않던 이 시기에 스웨덴은 북미 고위급 실무회담을 주선하여 이 회담이 스톡홀름에서 개최되었다. 북한의 순회대사 김명철과 미국의 대북정책 특별대표 스티븐 비건 사이에 열린 이 회담에서 진전된 성과를 거두지는 못했지만 오랜 대화 공백 기간으로 인해 대화가 완전히 단절되어 대화 재개의 가능성이 없어 보일 때 대화가 재개된 것이고, 대화가 재개되었다는 사실 그 자체만으로 큰 의미를 갖는 것이었기 때문에 세계의 이목이 쏠린 것은 당연하였다. 북미 고위급 실무회담 개최와 함께 회담 개최 장소인 스웨덴의 역할에 관해 관심이 제기되었다. 미국뿐 아니라 회담 개최의 열쇠를 쥐고 있던 북한도 회담 장소에 동의했다는 점에서 북한과 스웨덴 관계는 세계 언론의 집중 조명을 받았다. 북미 실무회담이 성사된 배경에는 스웨덴의 평화 중개외교가 크게 작용했다. 스웨덴의 한반도 특사 켄트 해쉬테트Kent Härstedt가 워싱턴과 평양을 오가면서 대화의 끈을 다시 잇기 위해 노력한 결과가 대화 재개로 나타난 것이다.

이처럼 스웨덴은 북한과 미국이 대화를 지속해 나가도록 물밑에서 보이지 않게 대화 중개 노력을 성실하게 전개하였다. 중개외교는 양측 당사자 모두 중개자의 역할에 동의해야 성사될 수 있다는 점에서 이는 북한도 스웨덴의 역할에 동의하고 스웨덴을 신뢰한다는 것을 의미한다. 왜 북한은 스웨덴을 신뢰하게 되었는가? 스웨덴은 어떻게 북한의 신뢰를 얻어 북미 사이에서 평화 중개외교를 할 수 있게 되었는가? 북미 대화가 중대 국면에 있을 때 스웨덴의 대북한 관계가 어떠했기에 평화 중개 외교가 효과를 발휘했을까 등 외교적인 측면에서의 관찰도 개인적으로 나의 커다란 관심사였다.

오늘날 세계는 상호의존 관계가 심화되어 지리적 요인이 더는 국가 간 교류와 협력에 장애 요인이 되지 않지만, 국가 간의 긴밀한 관계는 친선이든 적대든 주로 주변국 사이 이거나 역사적으로 특별한 관계에 있지 않으면 잘 이루어지기 어렵다. 이념보다 실리적 국익이 우선시 되는 오늘날과 같은 탈냉전 시대에는 과거처럼 어느 진영에 속하느냐가 국가 간 관계 발전에 더는 큰 영향을 미치지 못한다. 그러나 서방 국가인 스웨덴이 공산 진영에 속한 북한과 이념 대립이 한창 진행되던 냉전 시기에도 교류 협력 관계를 이어갈 수 있었던 것은 특이하다. 이런 관계 발전은 어떤 동기에서 비롯되었고 어떻게 가능하였는가?

내가 한반도 문제 그리고 국제 현안에 관여하고 있는 스웨덴의 외교관, 학자, 전문 연구자들을 광범위하게 접촉해 본 결과로는 스웨덴은 북한과 수교한 1973년 이후 50년이라는 긴 기간 동안 대북한 인도적 지원과 엘리트층을 대상으로 한 역량강화사업, 고위급 교류 등 규범적 관여 외교를 지속적으로 시행하여 북한의 신뢰를 얻었고, 북한으로부터 얻은 신뢰를 기초로 북미 대화를 촉진하는 평화 중개외교를 할 수 있었다는 결론을 얻게 되었다. 보다 심층적으로 살펴보니 대북한 규범적 관여 외교는 스웨덴이 중립노선과 규범 세력이라는 국제정치 행위자로서 국제정치적 명성과 위상 제고를 목적으로 공산 진영에 속한 북한을 대상으로 시행한 것이었고, 평화 중개외교는 국제분쟁의 조정을 통한 평화조성이라는 스웨덴의 오랜 전통에 기초하여 대미국 안보협력 강화라는 실리적 외교 목적 달성을 위해 시행한 것이었다.

스웨덴 사람들은 항상 자기나라를 작은 나라라고 한다. 아마도 인구가 1,000만 명으로 영국, 프랑스, 독일 또는 러시아 같은 유럽의 큰 나라들과 비교해서 작다는 의미일 것이다. 그러나 실제로 스웨덴은 국가 경쟁력, 국민총생산, 선진적 사회복지제도, 평화와 국제분쟁 해결 선도, 양성평등 등 여러 측면에서 세계적인 강국이다. 북유럽의 소강국 스웨덴이 아시아의 공산 국가 북한과 반세기라는 오랜 기간 맺은 인연을 통해 얻은 신뢰를 바탕으로 북한과 미국 사이에서 평화 중개외교를 할 수 있었다는 사실은 매우 흥미롭다. 한반도 평화 정착과 남북한 화해는 아직도 미완성의 상태에 있다. 스웨덴같이 북한으로부터 신뢰를 얻은 제3의 국가가 한반도 평화 정착을 위해 '선의의 중개자Honest Broker' 역할을 할 수 있다면 이는 한반도의 안정과 평화 더 나아가 전 세계의 평화를 위해 바람직할 것이다.

스웨덴은 한반도에 3개의 공식 대표부를 유지하고 있는 전 세계에서 유일한 나라이다. 서울과 평양에 대사관을 두고 있고 판문점에 중립국 감독위원회 대표부를 유지하고 있다. 지금까지 그래왔던 것 같이 스웨덴은 앞으로도 한반도에 3개의 공식 대화 채널과 한반도 담당 특사를 활용하여 한반도의 평화 정착과 남북한 화해를 위해 기회가 주어진다면 계속 기여하기를 희망하고 있다. 그리고 인도적 지원과 역량 강화 사업 등을 통해 북한으로부터 얻은 신뢰를 활용하여 임무가 주어진다면 북한과 국제사회, 특히 북한과 미국을 연결하는 교량 역할과 한반도 평화와 안보를 위한 대화 촉진자 역할을 계속할 것으로 전망된다.

세계 언론이 1, 2차 북미정상회담 개최 장소 후보지로 스웨덴을 매번 빠뜨리지 않고 거론한 것은 스웨덴에 대해 미국뿐 아니라 북한도 어느 정도의 믿음을 갖고 있다고 보는 것이 국제사회에 널리 퍼져 있는 일반적 인식이기 때문일 것이다. 그만큼 중립국 스웨덴의 대북한 관여 정책을 국제사회가 인정해 주고 있다는 것을 의미한다. 북한에 대한 관여 정책을 지속해 나가는 것은 스웨덴의 국익에도 부합하는 일이다. 스웨덴이 북한에 관여한 배경에는 스웨덴의 이익이 자리하고 있다. 스웨덴이 국제사회에서 분쟁의 평화로운 조정자로서의 이미지를 강화하기를 원

스웨덴과 한반도

하고, 미국과의 관계가 스웨덴 외교에서 차지하는 중요성이 크기 때문에 미국에 도움이 되는 역할을 함으로써 미국과 관계, 특히 안보 분야에서의 협력 관계를 강화하려는 실리적인 외교적 이익에 기초하고 있다고 본다. 스웨덴이 북한과 유대를 지속적으로 이어갈 수 있는 기초의 근저에는 북한이 스웨덴을 신뢰한다는 사실이 자리하고 있다. 다시 말해 스웨덴의 북한에 대한 관여는 북한이 스웨덴을 신뢰하기 때문에 가능한 것이다.

우리가 염원하는 북한의 비핵화와 한반도의 항구적 평화 체제 수립을 위해 가장 직접적 당사자는 물론 남북한이다. 그리고 이를 성사시키는 데 없어서는 안 될 중요 국가가 미국과 중국이라는데 의심의 여지가 없다. 따라서 스웨덴이 아무리 북한과의 인적 네트워크를 통해 노력한다고 하여도 이들 4국과 같은 비중으로 한반도 문제에서 역할 할 수는 없다. 그러나 북한이 핵무기와 미사일 개발을 멈추지 않고 자신의 목적을 달성하기 위해 앞으로도 계속 군사적 도발에 의존한다면 이에 따른 국제사회의 제재는 더욱 강화될 것이다. 이렇게 되면 긴장이 더 고조되고 직접적인 당사자들 간의 대화는 더욱 어려워질 것이다. 그러면 북한은 국제사회에 대해 더더욱 빗장을 철저하게 내려 걸고 내부 단속을 강화하면서 문제 해결을 도외시할 가능성이 크다. 북한과의 대화가 교착 상태에 빠져 있을 때 북한의 신뢰를 얻은 스웨덴 같은 제3국이 작은 틈새라도 활용하여 건설적 역할을 할 수 있다면 누구나 다 반길 것이다. 이런 의미에서 스웨덴이 북한과 신뢰 관계를 매개로 북미 대화 평화 중개외교를 어떻게 그리고 왜 전개하였는지를 살펴보는 것은 의미 있다고 생각한다.

내가 스웨덴 주재 한국 대사로 2018년 초 스톡홀름에 부임할 당시는 마침 북미 대화가 가장 활발하게 진행되던 시기였고 이와 함께 스웨덴의 북미대화 물밑 중개외교도 정점에 다다른 시기였다. 이 시점에 나는 스웨덴의 평화 중개외교에 관여하였던 인사들을 광범위하게 접촉하면서 느낀 것을 기록해 갔다. 이 책은 스웨덴이 1973년 북한과 수교한 배경과 그 이후 스웨덴이 북한과 협력해 온 과정과 굴곡, 그리고 최근 북미정상회담 과정에서 스웨덴의 평화 중개외교 과정을 현장 경험을 토대로 적은 내용을 담았다. 우리가 막연히 알고 있는 스웨덴의 평화 중개외교를 고위외교관으로서 현장에서 직접 목격한 내용을 담고 있어 더욱 생동감이 있으리라는 기대를 해 본다. 아울러 이 책이 여전히 닫혀 있는 북한에 스웨덴을 통하여 한발 더 들어가 볼 수 있는 역할을 하고 앞으로 남북관계 진전에 조그만 디딤돌이 되기를 바라는 마음으로 나의 기록을 책으로 엮었다.

이 책의 구성은 먼저 스웨덴의 대북한 관여 동기와 전개 과정에 관한 내용에 앞서 제1장에서 스웨덴은 어떤 나라인가를 살펴본 후 제2장에서 스웨덴이 어떻게 처음 한반도와 인연을 맺게 되었는지를 6.25 전쟁 당시 스웨덴의 의료팀 파견과 전후 중립국 감독위원회 활동을 통해 알아보고자 한다. 스웨덴의 대북한 외교정책은 규범적 관여 외교와 평화 중개외교 두 축으로 나누어 분석하였다. 스웨덴의 국제분쟁 중재 및 평화조성 전통도 스웨덴의 대북한 외교정책의 또 다른 동기로 작용하였다. 이를 분리해서 별도로 다룰 수도 있지만, 이는 직접적 동기라기보다는 평화 중개외교를 하게 된 간접적 동기, 또는 배경으로 보기 때문에 분석의 편의상 간략히 살펴보고 주로 스웨덴의 규범적 관여 외교와 평화 중개외교라는 두 개의 관여 동기에 분석의 초점을 두었다.

이런 이유로 제3장 스웨덴의 대북한 규범적 관여 외교에서는 스웨덴이 1973년 서방 국가 중에서 처음으로 북한과 외교 관계를 수립하게 된 배경과 과정, 양국 관계 초기에 불편한 관계를 조성한 두 가지 사건, 즉 북한의 스웨덴 수출 상품 대금 미상환으로 생긴 부채 문제와 스웨덴 주재 북한 외교관의 밀수 사건이 양국 관계에 미친 영향을 살펴보았고, 그 후 스웨덴-북한 관계 발전에 중요한 전환점이 된 2001년 스웨덴 요란 페르손 총리의 북한 공식 방문의 결과와 의미에 관한 내용을 분석하였다. 페르손 총리는 유럽연합 각료이사회 의장국 대표 자격으로 유럽연합 대표단을 이끌고 서방 지도자로서는 최초로 북한을 공식 방문하였는데, 이 역사적 방문의 배경과 의의에 관해 알아보았고 이를 계기로 스웨덴과 북한의 관계가 어떻게 전개되었는지를 다루었다. 또한 스웨덴의 대북한 규범적 관여의 구체적 양태인 인도주의 지원과 역량강화사업의 내용과 전개 과정을 다루었다.

제4장 스웨덴의 대북한 평화 중개외교에서는 2017년 미국 트럼프 행정부의 출범과 함께 한반도에 조성된 북미 대화 국면이 시작되고 두 차례의 북미정상회담이 열리는 과정에서 스웨덴이 주북한 스웨덴 대사관, 주스웨덴 북한대사관, 한반도 담당 특사 등 다양한 채널을 통해 북미 사이에서 전개한 평화 중개외교의 과정에 관해 분석하였다. 스웨덴의 대북한 관여 양태는 대체로 인도적 지원, 역량강화사업, 국제사회와 북한 사이의 대화 촉진자 역할 등 세 가지로 대별 가능한데, 인도적 지원과 역량강화사업을 제3장에서 다루고, 대북한 대화 촉진자 역할을 제4장에서 다루었다. 스웨덴의 대북한 인도적 지원은 1995년부터, 대북한 역량강화사업은 2003년부터, 대화 촉진자 역할은 2018년부터 각각 시작되었다.

제5장 결론에서는 북유럽 변방에 위치한 인구 1,000만 명의 작은 중립국 스웨덴이 지난 반세기 동안 대북한 관여를 통해 얻은 북한의 신뢰와 미국의 이익대표국 역할을 통해 한반도 평화 정착 노력에 기여한 활동과 역할의 내용을 요약하고 그 의미와 시사점을 분석하였다.

마지막으로 책 출판에 전혀 기초 지식이 없는 내게 많은 도움과 조언을 해 주신 선배 대사님들에게 각별한 경의와 감사를 표하고자 한다. 그중에서도 조희용 대사님과 조윤수 대사님은 내가 시시콜콜한 질문을 드려도 큰 인내심으로 항상 일관성 있게 친절한 답변과 값진 조언과 격려를 해 주셨다. 이 책은 나의 북한에 관한 호기심과 스웨덴 주재 대사 재직 시기 한반도 평화를 위한 스웨덴의 역할을 관찰한 나의 경험을 기초로 북한대학원대학교에서 내가 2023년 박사학위를 받은 논문을 기초로 하여 독자들에게 스웨덴의 역할을 이해하는 데 도움을 주기 위해 스웨덴의 전통과 역사, 스웨덴 사람들에 관한 내용을 추가하고 재정리하여 낸 책이다. 나의 논문을 정성껏 지도해 주신 북한대학원 대학교 신종대 교수님께 다시 한번 진심으로 감사하다는 말씀을 드리고자 한다. 신종대 교수님의 지도와 격려가 없었더라면 나의 논문도 이 책도 세상에 나오기 어려웠을 것이다.

그리고 원고 편집과 표지 디자인 등 책 출판과 제작을 위해 수고해 주신 ㈜북랩 관계자 여러분들께 감사드린다.

# 목차

**4장  스웨덴의 대북한 평화 중개외교**

**5장  결론**

# 1장

# 스웨덴은 어떤 나라인가?

## 가. 인류애, 평화주의, 절제의 나라

스웨덴은 어떤 나라인가? 스웨덴은 인류애와 평화주의의 대명사라고 할 수 있다. 스웨덴에는 역사상 인류 평화에 기여한 많은 인물이 있다. 스웨덴은 발명왕 알프레드 노벨Alfred Nobel의 나라일 뿐아니라 수많은 유명인사를 배출하였다. 제2대 유엔 사무총장으로서 재임 중 콩고 내전을 해결하기 위해 출장 도중 비행기 추락 사고로 숨진 다그 함마르셸드Dag Hammarskjörd, 여성 외교관으로서 1960년대 당시 소련의 안보 위협을 받던 스웨덴이 자신의 높은 과학 기술 수준에 기초하여 핵무기 개발로 안보를 지키자는 강한 여론이 제기되었을 때 이를 이겨내고 결국 평화주의를 선택하게 하는데 결정적으로 기여한 세계적인 군축론자, 평화의 전도사이자 노벨 평화상 수상자 알바 뮈르달Alva Myrdal, 제2차 세계대전 당시 스웨덴 적십자사 부회장으로서 독일군과 연합군의 포로 교환을 중재하여 스웨덴 국민과 유대인을 포함하여 3만 명의 전쟁 포로를 일명 "하얀 버스 작전"으로 구출해 낸 폴케 베르나도트Folke Bernadotte 백작, 스웨덴의 명문 재벌 발렌베리 가문 출신의 외교관으로서 나치 독일 치하에서 스웨덴 임시여권을 발급하여 10만 명의 헝가리 유대인을 구출한 라울 발렌베리Raoul Wallenberg, 스웨덴 복지 시스템의 기틀을 만들고 적극적인 중립 정책으로 제3세계를 포용한 총리 출신 스웨덴 정치인 울로프 팔메Olof Palme 등이 그들이다. 폴케 베르나도트 백작은 외교적 수완이 알려져 전쟁 종료 후에는 유엔으로부터 이스라엘 건국과 이를 반대하는 팔레스타인을 중재하는 임무를 부여받았다. 그러나 불행하게도 중재안에 불만을 품은 이스라엘 과격분자들에 의해 암살되었다. 이들은 모두 세계의 분쟁지역을 찾아가 평화적 해결을 위해 노력하다가 사망하거나, 비핵 평화주의를 신봉하여 자기 조국을 핵무기 개발을 포기하고 평화주의를 선택하게 했고, 전쟁 당시 전쟁포로와 유대인 등 민간인들을 탈출시키는데 온갖 열정을 다 쏟아 놓거나, 반제국주의 중립노선으로 강대국에 의연하게 맞서서 힘없고 경제적으로 취약한 제3세계 국가들의 동지가 되어 준 인물들로서 스웨덴의 평화주의와 인도주의를 대표한다고 할 수 있다.

**[사진 1] 스웨덴의 대표적 평화·인도주의 인물**

다그 함마르셸드 가족 묘지    라울 발렌베리 기념 조형물    울로프 팔메상 수상식

스웨덴이 속해 있는 노르딕 지역에는 고대로부터 내려오는 일종의 공동체 내에서 적용되는 생활 준칙인 '얀테의 법칙Jantelagen'이라는 것이 있다. 이 법칙은 자기 자신이 특별하거나 지나치게 뛰어난 사람으로 여기지 않는 것을 말하며, 주로 덴마크나 스칸디나비아 지역 등 북유럽에서 전수돼 온 덕목으로, '보통 사람의 법칙'이라고도 불린다. 여기서 '얀테'는 덴마크 출신 노르웨이 작가 악셀 산데모세가 1933년에 발표한 소설『도망자, 그의 지난 발자취를 따라서 건너다A Fugitive Crosses His Tracks』에 등장하는 가상의 덴마크 마을 이름으로, 이 마을은 '잘난 사람'이 대우받지 못하는 곳이다. 이 마을에서는 보통 사람들보다 똑똑하거나 잘생기면 이상한 사람 취급을

받는다. '얀테의 법칙'에는 10개의 조항이 들어있는데, 이 법칙은 사회 공동체의 구성원 사이 이해 충돌과 갈등을 공동체 전체의 이익과 목표를 위해 조화롭게 풀어내는 지혜로서 작용했다. 즉 지역 구성원들이 개인의 이익보다 공동체의 이익을 먼저 생각하고 공동체 구성원들의 복리를 위해 개인의 이익을 절제하도록 하는 전통이었다. 그만큼 공동체의 전체적인 안녕과 복리를 중시한다는 의미이다. 노르딕 평화 모델도 노르딕 지역 전체의 평화를 촉진하고 도모하는 역할을 하였고, 이는 더 나아가 세계평화를 위한 기여와 역할로 발전하였다. 세계 분쟁지역에서 전개된 노르딕 국가들의 분쟁조정 역할은 이런 역사적 전통에서 유래한 노르딕 지역의 고유문화이다. 이처럼 스웨덴에는 전통적으로 평화주의와 인도주의, 절제가 사회의 근저에 흐르는 기본 정신이었다.

## 나. 스웨덴 중립의 연원과 배경

스웨덴의 모습이 오늘날 같은 평화지향의 중립으로만 유지된 것은 아니다. 스웨덴은 1521년~1814년의 약 300년 기간 동안 48차례의 전쟁을 치렀다. 이 시기에 스웨덴은 평화의 기간보다 전쟁의 기간이 더 길었다. 이는 18세기 당시 대다수 유럽 절대 군주국가의 정복 전쟁이 한창 진행되던 상황과 맥을 같이 한다. 과거 스웨덴의 공격적인 강대국의 모습은 오늘날의 평화로운 약소국의 모습과 대조를 이루는데 과연 어떻게 이런 극단적인 전환이 이루어졌을까?

    18세기에 스웨덴은 끊임없이 잃었던 영토 회복을 시도하였다. 1809년 러시아에 의해 처절한 패배를 당하고, 이에 뒤이어 쟝 베르나도트 프랑스 장군(후에 칼 요한 1세)의 스웨덴 국왕 등극 이후에야 비로소 스웨덴은 국제사회에서 일상적 역할에 만족하게 되었다. 그러나 19세기에 그 여파는 다시 계속되었고 칼 요한의 다음 세대와 손자 세대까지 핀란드를 다시 회복하여 강대국으로서의 영광을 되찾으려고 시도하였다. 그러나 그 결과는 원했던 바와는 다른 것이었고 스웨덴은 지역 패권을 러시아에 빼앗기고 지역의 작은 나라로 남게 되었다. 그 이후 스웨덴 지도자와 국민은 점차로 그리고 할 수 없이 현실을 그대로 수용하게 되었다. 스웨덴의 세계 정치에서의 새로운 위치를 국민 정서로 받아들이는데 약 한 세기가 걸린 것이다.

    좀 더 자세히 설명하면 1521년 스웨덴의 위대한 군주 구스타프 바사가 국왕으로 즉위한 후 스웨덴의 행정 체계는 크게 개선되었고 군사 체계도 강화되었다. 바사왕의 세 아들은 한자동맹과 독일 기사단이 약화한 틈을 타 발트해 지역의 재해권을 장악하여 발트해는 거의 스웨덴의 호수와 같이 되었다. 1611년 즉위한 바사왕의 손자 구스타프 아돌프 2세는 바사왕처럼 행정 체계를 포함한 국가 체계를 근대화하는 데 적극적으로 노력하였다. 1709년 칼 12세가 러시아에 대항하여 원정한 폴타바 전투에서 대패하기 전까지 스웨덴은 유럽의 강대국 중 하나로 군림하였다. 그러나, 폴타바 전투 패배 이후 국력이 쇠락하기 시작하였다. 즉 폴타바 전투가 스웨덴 국력의 전성기를 지나 하락하는 전환점이 된 것이다. 그 후 스웨덴은 대북방 전쟁(1700년~1721년)에서 러시아에 패하여 1721년 뉘스타드 조약을 체결하였고 러시아에 에스토니아와 동남부의 많은 영토를 빼앗겼을 뿐 아니라 거액의 전쟁 배상금을 내는 대가로 러시아가 전쟁 기간 점령한 핀란드를 겨우 반환받았다. 결과적으로 스웨덴은 발트해 지역의 영토를 거의 다 상실하였다. 칼 12세 때 전쟁으로 국토가 황폐해지고 빈곤해졌을 뿐 아니라 기아로 인해 스웨덴과 핀란드는 인구의 8분의 1이 희생되었고 스웨덴의 국력은 크게 쇠락하였다. 이 전쟁의 패배로 결국 스웨덴은 북유럽의 패권자 지위를 상실하였으며 스웨덴에서 절대주의 체제가 붕괴하고 '자유의 시대'가 개막하였다. 대북방 전쟁에서의 패배는 칼 12세의 군사적 모험주의로 인한 재앙이 다시 재발하지 않도록 해야 한다는 믿음을 귀족들에게 확신시켜 주었다. 1718년 칼 12세의 사망을 계기로 스웨덴 귀족들은 헌법에 기초한 정부를 만들기 위한 작업에 착수했다. 반세기 동안 왕실의 실지 회복을 위한 시도는 강력한 의회의 제동과 외국의 공작으로 실패하였고, 의회의 우위를 기초로 한 소위 '자유의 시대'가 1772년 구스타프 3세(1771년~1792년 재위) 즉위와 함께 발생한 왕정 쿠데타가 있기 전까지 계속되었다. 구스타프 3세와 그의 아들(구스타프 아돌프 4세)에 의한 대외 전쟁 시도는 실패하였고 비극적으로 끝이 났다. 1788년 구스타프 3세는 러시아-터키 갈등을 이용하여 러시아를 상대로 전쟁을 일으키려 시도하였다. 그는 심지어 의회의 대외 정복 전쟁 금지 규정을 우회하기 위해 코사크 군대 군복을 오페라 하우스에서 빌려 스웨덴 일부 병력에 입혀서 핀란드에 있는 스웨덴 국경을 공격하게 하였다. 구스타프 3세는 자신이 의도한 전쟁을 일으키는 데는 성공했지만, 핀란드 장교들의 반란을 초래하였고, 귀족들과의 반목은 결국 1792년 그의 암살로 이어져 비극적인 종말을 맞이하였다. 구스타프 3세의 후계자 구스타프 아돌프 4세(1792년~1809년)도 구스타프 아돌프 2세와 칼 12세처럼 유럽대륙에서 전쟁을 벌였다. 그는 1805년 스웨덴령 포메라니아(지금의 폴란드 북부 발트해 연안)에서 군대를 이끌고 출정하였으나, 1806년 프랑스의 쟝 베르나도트 장군에게 패배하였다. 구스타프 아돌프 4세는 스웨덴 장군 아델러스파레Adlersparre의 쿠데타로 폐위되고 헌정 질서가 회복되었다. 새로운 헌법은 권력을 왕실과 삼부회에 나누어 주었다. 그 후 왕위에 오른 구스타프 아돌프 4세의 삼촌 칼 13세는 유약하였고 후사가 없었다. 새로운 왕조를 세우기 위해 스웨덴은 덴마크 왕자 크리스티앙 아우구스트를 왕세자로 세웠다. 그러나 그는 이듬해 말에서 낙마하여 사망하였다. 스웨덴은 이번에는 나폴레옹의 참모 쟝 밥티스트 베르나도트를 왕세자로 봉하였다. 스웨덴의 삼부회가 베르나도트를 선택한 것은 프랑스와 연합하여 핀란드를 회복하려는 열망에서 비롯되었다. 그러나 그 꿈은 결과적으로 실현되지 못하였다. 쟝 베르나도트가 즉위하여 칼 요한이 되어 바로 오늘날 스웨덴 왕가인 베르나도트 왕가의 문을 열었다. 칼 요한은 1814년 키엘 조약에 따라 노르웨이의 부채

스웨덴과 한반도

를 떠안는 조건으로 노르웨이를 덴마크로부터 넘겨받았다.

나폴레옹 전쟁 이후 현재까지 스웨덴은 200년 이상 성공적으로 전쟁을 피할 수 있었다. 유럽에서 이 같은 기록은 오직 스위스만 갖고 있다. 실제로 스웨덴의 중립 정책은 200년 이상 훼손되지 않았다. 2022년 러시아의 우크라이나 침공 이전까지만 해도 중립 정책은 더는 정치적 논쟁의 대상이 되지 않을 정도로 스웨덴의 국가 전통이 되었다. 눈에 띄는 수많은 스웨덴의 정책 중에서 중립 정책은 특히 모든 정당과 이익 단체들의 광범위한 지지를 받고 있다. 이러한 발전은 1815년 당시에는 결코 당연한 것으로 예견된 것은 아니었다. 여타 유럽의 군주국들처럼 정복 전쟁에 여념이 없었던 스웨덴은 그럼 과연 어떻게, 그리고 어떤 배경 아래에서 중립 정책에 눈을 돌려 그렇게 오랜 기간 중립노선을 유지할 수 있었을까? 여기에는 중요한 세 가지 요소가 크게 작용하였다.

첫째는 칼 요한이라는 인물이다. 칼 요한이 국왕으로 즉위하기 전까지 스웨덴은 여타 유럽 국가와 똑같이 절대권력을 쥔 군주의 정복 전쟁이 끊이지 않았다. 그러나 칼 요한은 그 이전 군주들과 달랐다. 그는 매우 노련한 군인 출신으로서 전쟁 경험이 많았고 군사적 측면에서 가장 노련한 지도자였다. 또한 잠재적 적대 국가의 군사능력에 관한 판단에 있어서도 현실적인 기준을 갖고 있었다. 이런 능력은 그를 매우 노련하고 신중한 지도자로 만들었다. 그의 노련함과 신중함은 섣불리 전쟁을 일으키지 않게 하였고 다른 나라 전쟁에 가담하는 것을 가능한 한 피하게 하였다. 또한 칼 요한은 그의 전임 군주 두 명이 암살당하거나 권좌에서 쫓겨나게 된 원인이었던 부르주아 출신이었고 더욱이 외국인 출신이었다. 즉 그는 배경이나 성향이 결코 평화주의적이지는 않았지만, 그의 노련함과 신중함은 그가 섣부른 대외 모험주의로 권좌를 위태롭게 만들지 않도록 신중하게 처신하게 하였다. 칼 요한은 당시 강대국이었던 영국과 러시아 사이에서 균형을 추구하였다. 1834년 근동 위기가 발생하여 영국과 러시아 사이에 전쟁 위험이 생겼을 때 스웨덴은 중립을 선언하였다. 일부 학자들은 칼 요한의 당시 중립 선언을 스웨덴 중립의 기원으로 본다. 칼 요한의 아들이자 후계자인 오스카(1844년~1859년 재위)도 양 강대국에 신중함을 보였다. 크림전쟁(1853년~1855년) 기간에도 스웨덴은 중립을 선언하였다. 그러나 오스카의 후계자인 칼 15세(1859년~1872년 재위)는 아버지보다 덜 신중했고 덴마크의 프레데릭에게 프로이센과의 대립에 있어서 스웨덴의 전적인 군사적 지원을 약속하였다. 결국 덴마크의 프로이센과의 전쟁에서 덴마크를 지원하겠다는 칼 15세의 섣부른 약속은 군주와 입장을 달리한 스웨덴 정부의 망설임으로 인해 지킬 수 없게 되었고 왕실 중심의 개입주의는 타격을 받게 되었다. 그 이후 스웨덴은 더 신중하게 움직였고 국가 간 전쟁에 중립을 선언하고 전쟁을 회피하였다. 한편 스웨덴의 영향력 아래 있던 노르웨이는 20년 동안 지속되었던 스웨덴과의 알력이 폭발하여 1905년 노르웨이 의회는 만장일치로 스웨덴과의 통합을 일방적으로 파기 선언하였다. 스웨덴 내부에서 군사력을 동원하여 통합 복귀를 시도하자는 요구도 제기되었으나 구스타프 왕세자(구스타프 5세, 1907년~1950년 재위)가 노르웨이 독립을 인정할 것을 촉구하였고 무엇보다 사민주의 세력은 만약 다시 정부가 무력을 동원하면 파업으로 맞서겠다고 위협하면서 정부를 견제하였다. 스웨덴 정부는 강한 내부 압력을 받았고 결국 무력 사용 옵션을 포기하였다. 19세기 초 스웨덴 내부에서는 만약 러시아가 다른 곳에 전선을 형성하고 있다면 스웨덴이 러시아와 싸워 이길 수 있다는 인식이 정상적으로 받아들여지는 분위기였다. 이런 국내적 인식 속에서도 스웨덴이 러시아와의 전쟁을 성공적으로 피할 수 있었던 것은 중립노선 때문이라기보다는 러시아의 강한 힘 앞에서 왕실이 신중하게 판단하였기 때문이었다.

둘째는 19세기 하반기 동안 스웨덴 국내 정치 상황에 근본적인 변화가 일어났다는 국내정치적 요인이다. 스웨덴이 대륙 국가와 비교해 산업적으로 낙후되어 있었지만 국내적으로 그들과 같은 성격의 사회세력이 성장하고 있었고 같은 종류의 정치적 욕구가 형성되고 있었다. 정부의 국왕에 대한 지원 반대로 1864년 덴마크와 프로이센-오스트리아 전쟁에서 덴마크를 지원하려던 시도는 무산되었다. 자유당 세력과 사회민주당 세력의 급속한 성장과 함께 1866년 구세력인 삼부회Estates General가 양원제 의회로 바뀌어 대체로 군사 모험주의를 피해야 한다는 국내적 압력은 이전보다 더 커졌다. 자유당 세력과 사민주의 세력은 집권 보수당 세력의 입지만 강화해 주는 군사비 증액에 반대하였다. 자유주의 세력-사민주의 세력에 의한 아래로부터의 압력은 1905년 가장 크게 드러났다. 당시 노르웨이 제압을 위한 군사력 동원에 반대하여 이들 세력이 제기한 전면 파업 위협은 스웨덴의 군사력 사용을 억제하는 데 결정적인 역할을 하였다. 즉 세기가 바뀌면서 전쟁과 평화 문제에 관한 결정 권한은 국왕과 소수 보수적인 국왕의 참모들 손으로부터 더욱 광범위한 이익 대변자 집단으로 넘어갔던 것이다.

셋째는 스웨덴의 핀란드 상실과 포메라니아 매각으로 러시아 및 프로이센과의 영토 분쟁의 핵심 불씨가 사라졌다는 점이다. 그동안의 정복 전쟁이 주로 실지 회복을 향한 절대 군주들의 욕망이 크게 영향을 미쳤다고 볼 때 핀란드와 포메라니아는 더 이상 회복 대상이 아니었기 때문에 전쟁의 큰 동기가 사라진 것이고 이는 중립의 여건 조성에 기여하였다.

이상을 종합해 볼 때 스웨덴의 중립은 나폴레옹의 참모 출신으로 스웨덴 국왕에 등극한 쟝 베르나도트의 군사적 경험과 출신 배경에 기초한 노련함과 신중함, 국왕과 삼부회의 권력 분점과 군사력 사용에 부정적인 사민 세력과 자유 세력의 등장이라는 스웨덴 국내정치적 지형 변화, 핀란드와 포메라니아 지역의 상실과 매각으로 인한 실지 회복 명분의 소멸이라는 세 가지 요인이 스웨덴이 중립을 취할 수 있게 한 여건이었다고 볼 수 있다.

스웨덴은 1814년 1월 키엘 조약Treaty of Kiel을 통해 덴마크로부터 노르웨이를 스웨덴으로 연합시키는 합의를 맺었고 1814년 비엔나 회의에서 이를 추인받은 이후 사실상 중립을 인정받게 되었다. 그 후 스웨덴은 약 200년 이상 중립노선을 유지하였고 중립을 통해 전쟁으로부터 피할 수 있었다. 제1차 세계대전 발발 2년 전인 1912년 스웨덴은 노르웨이와 함께 중립을 지킬 것을 약속하였고 1914년 8월 노르웨이와 공동으로 중립을 선언하였다. 다른 한편으로 스웨덴은 여타 스칸디나비아 국가들과 함께 교전 당사국을 대상으로 활발한 무역을 전개하였다. 스웨덴은 독일에 기계와 무기 생산에 필요한 철광석을 수출하였고, 노르웨이는 수산물을 영국에 수출하였으며, 덴마크는 농산물을 독일과 영국에 수출하였다. 이러한 무역 활동과 무관하게 스웨덴은 중립 정책을 고수하였다. 제2차 세계대전 기간에 스칸디나비아 국가들 모두 중립을 선언했지만, 노르웨이와 덴마크는 각각 독일, 핀란드는 소련의 침략을 당했고 오직 스웨덴만 직접 전쟁에 휘말리지 않았다. 소련은 핀란드 일부 기지를 군사기지 사용 목적으로 요구하였으나, 핀란드가 이를 거부하자 핀란드를 침공하여 1939~1940에 걸쳐 겨울 전쟁을 일으켰다. 이 전쟁에서 노르웨이와 덴마크는 중립을 선언한 반면 스웨덴은 핀란드의 스웨덴 안보상 중요성과 오랜 역사적 유대 관계를 고려하여 많은 무기와 의용병을 지원하였다.

사실 역사적으로 들여다보면 스웨덴이 중립을 흠결 없이 유지한 것만은 아니다. 제2차 세계대전 당시 스웨덴은 중립노선을 견지하는 동시에 발트해와 노르웨이 및 덴마크와의 국경지대에서 무장을 강화하고 무장 중립의 태세를 갖추었다. 그러나 독일은 사단 병력을 스웨덴-핀란드 국경 지역으로 파견하기 위한 스웨덴 통과 허용을 요구하였다. 이에 스웨덴은 중립 원칙에 위반되었지만, 핀란드를 소련으로부터 보호할 목적으로 독일의 요구를 일부 수용하여 부상병 후송 목적 차량으로 한정하여 통과를 허용하였다. 그러면서도 스웨덴은 중립 원칙을 계속 고수하였다.

# 2장

# 스웨덴과 한반도의 인연*

\* 이 장의 주요 내용은 주스웨덴 대한민국대사관이 2019년 한–스웨덴 수교 60주년 기념사업의
일환으로 스칸디나비아정책연구소(SCIPS, 대표 최연혁 스웨덴 쉬데르턴 대학 교수)에 의뢰하여
2017년 7월~2018년 5월간 실시한 연구 용역 결과 보고서(「스웨덴 고자료를 통해 본 한국–스
웨덴 교류 관계의 이해: 1876년~1959년 수교까지」)에 기초하여 작성된 내용임을 밝혀 둔다.

# 가. 스웨덴의 6.25 참전과 야전병원 운영

북유럽 변방에 위치하고 한반도에서 멀리 떨어져 있는 스웨덴은 언제부터 한반도와 인연을 맺게 되었는지 한반도와 초기 관계 형성을 살펴볼 필요가 있다. 스웨덴의 대북한 관여는 오래된 스웨덴의 한반도와 인연에 기초한 측면이 있다고 보기 때문이다.

**[사진 2] 스웨덴 한국전 참전 적십자 야전 병원**

스웨덴 한국전 참전 기념비          스웨덴 적십자사 본관


스웨덴 정부는 1950년 한국 전쟁이 발발하고 유엔이 안전보장
이사회를 결의함에 따라 유엔 가입국에 서한을 보내 남한으로의
평화유지군 지원에 대한 신속한 답변을 요청한 데 대해 "전투 병력
파견이 불가능함을 알리면서 대신에 스웨덴이 인력과 비용을 부담
하는 야전병원을 남한에 파견하겠다."라고 유엔 본부와 대한민국에
통보하였다. 중립노선을 견지해 온 비동맹국으로서의 위치를 고려
하여 전투부대 대신 의료지원단을 파견하기로 한 것이다. 이로써
약 7,400여 킬로미터라는 지리적으로 먼 거리에 떨어져 있는 한반
도에 스웨덴의 젊은 의사와 간호사로 구성된 의료팀이 1950년 9월
23일 부산에 첫발을 내디뎠다. 스웨덴 의료팀은 야전병원을 설립
하여 수많은 부상자를 치료하고 민간인 구호 활동도 전개하였다.

스웨덴 야전병원에는 연인원 1,023명이 참여하였다. 스웨덴 정부는 스웨덴 적십자사가 작업을 주도하도록 하였고, 스웨덴 의회는 8월 10일 야전병원 파견 결의안을 통과시킴과 동시에 야전병원 파견 준비를 스웨덴 적십자사에 공식 위임하였다.

유엔의 한국 지원 요청에 따라 의료지원단 파견을 결정한 다섯 나라(스웨덴, 덴마크, 노르웨이, 인도, 이탈리아) 중 스웨덴 의료지원단이 가장 먼저 한국에 도착하였다. 스웨덴 의료지원단은 파견 지원자 중 176명을 1차로 확정하였고 8월 27일 미국에 도착한 후 한 달여 후인 9월 23일 부산에 도착하였다. 스웨덴 의료팀은 1950년 7월 27일 유엔 사무총장, 한국 정부, 연합군 최고 사령부, 미국 대외원조기구인 〈Economic Cooperation Administration〉이 합의한 '한국 긴급 구호 활동과 의료 지원에 대한 협정'에 근거하여 활동을 시작하였다. 스웨덴 야전병원은 유엔군과 한국군 부상군인 치료가 주 임무였지만 민간인 부상자, 북한군과 중공군 포로들을 돌보기도 하였는데 이런 일이 가능했던 이유는 스웨덴이 중립국이었기 때문이다. 스웨덴 적십자사는 스웨덴 정부로부터 야전병원 업무를 위탁받아 수행하는 동시에 인도주의 정신에 따라 한국의 민간인 구호를 위해서도 노력하였다. 그러나 당시 민간인 구호 업무의 결정권은 유엔군 사령관에게 있었고 모든 구호 물품과 지원은 유엔을 통해 유엔 사령부로 전달되어야 한다는 유엔의 입장에 따라 스웨덴 적십자사의 민간인 구호 활동은 불가피하게 유엔을 통해서만 가능하였고, 담요와 옷을 지원하는 수준에 머무를 수밖에 없었다. 스웨덴 야전병원은 부상군인 치료뿐만 아니라 민간인 치료를 위해서도 노력하였고, 전쟁으로 피해를 본 남한을 위한 피해 복구 기금과 물자도 지속해서 지원하였다. 1953년 7월 27일 정전협정이 체결되자 스웨덴 적십자 야전병원은 부산 스웨덴 병원으로 이름을 바꾸고 의료 지원을 계속했다. 정전협정 체결 후 1년 동안은 부상군인, 민간인 치료를 병행하다가 1954년 말부터는 본격적으로 민간인 치료에 주력하였다. 1955년 5월에는 학교를 징발당해 가교사假校舍에서 수업을 진행해 오던 부산상고의 학교 건물 환수 요청을 받아들여 국립 부산수산대학교(지금의 부경대학교) 내로 병원을 이전하였다. 스웨덴 병원에는 스웨덴 의료진과 한국인 의료진이 함께 근무했는데 한국인 의료진을 대상으로 의료기술 전수와 훈련도 이루어졌다. 또한 스웨덴 병원은 도시 주변의 고아원을 정기적으로 방문하여 아이들의 건강 검진과 치료 활동을 했고, 1956년부터는 아동 결핵 퇴치와 예방을 위해서도 노력했다.

부산 스웨덴 병원은 전쟁 종료 후 활동을 종료하는 적십자 원칙에 따라 1957년 3월 병원을 폐쇄하였다. 병원이 폐쇄된 이후에도 부산 스웨덴 병원 소아과 의사 1명과 간호사 1명으로 '한국 스웨덴 의료팀Swedish Medical Team in Korea, SMTK'을 구성하여 1957년 4월 11일 주요 임무를 소아 진료와 결핵 퇴치 업무로 하는 '스웨덴 메모리얼 프로젝트'에 공식 착수하였다. 스웨덴 의료팀은 부산에 소재한 고

아원과 병원을 방문하여 아이들을 치료하고 BCG 백신을 접종시켰다. 그들은 1958년 10월 서울에서 국립의료원 개원에 따라 활동을 종결함으로써 부산에서 스웨덴 의료 지원 활동은 공식 종료되었다.

한국 전쟁 시기에 의료지원단을 파견하여 운영 중이었던 스웨덴, 노르웨이, 덴마크 등 북유럽 3국 정부는 당시 한국의 낙후된 의료시설과 의료 서비스 수준을 개선하기 위해 인도주의 정신에 따라 유엔 한국 재건청UN Korean Reconstruction Agency, UNKRA, 유엔 한국민간지원단UN Civil Assistance Corps Korea, UNCACK과 함께 현대적 시설을 갖춘 의료원 건립을 목적으로 한 이른바 '스칸디나비아 의료 프로젝트'에 착수했다. 1956년 3월 13일 스웨덴·덴마크·노르웨이 정부, 유엔 한국 재건청과 한국 정부는 '국립의료원 설립 및 운영에 관한 협정'을 체결하였다. 이 협정에 따라 한국 정부는 의료원 부지를 제공하고, 병원 설립을 위한 노동자의 임금과 물자 조달을 담당했다. 북유럽 3국 정부는 각각 150만 달러의 연간 운영비를 분납하여 의료장비와 의약품 확보 및 수송을 담당했다. 유엔 한국 재건청은 의료원 설립과 의료 장비를 제외한 물품을 확보했다. 협정에 따른 운영기간은 5년으로 하였고 한국은 의료원 유지 관리와 한국 의료진의 급여, 난방과 전기, 수도 비용을 냈다. 북유럽 3국 정부는 추가 의료장비와 의료 물품 확보와 조달, 스칸디나비아 국가 직원의 채용과 체류비용, 급여를 지급했다.

국립의료원은 공사에 착수한 지 2년 2개월 만인 1958년 11월 28일 정식 개원했다. 국립의료원에는 당시 스칸디나비아 의료진 89명, 스칸디나비아 이사회에서 채용한 119명의 한국인 직원, 한국 정부가 채용한 50명의 한국인 직원 등 총 738명의 직원이 근무했다. 초대 국립의료원장에는 스웨덴 야전병원장을 역임한 칼에릭 그롯Carl-Erik Groth이 선임되었다. 국립의료원의 운영권은 협약에 따라 5년이 지난 1968년 한국 정부로 이양되었다.

이상에서 살펴본 바와 같이 스웨덴은 한국 전쟁 기간 중 중립국으로서 전투부대 대신 의료팀을 파견하여 인도주의 정신에 따라 부상자 치료와 민간인 구호라는 인도적 활동을 하였고 이를 통해 한반도와 첫 공식적 인연을 맺었다.

스웨덴과 한반도

## 나. 중립국 감독위원회 활동

1953년 7월 27일 체결된 한국 전쟁 정전협정에 따라 한국 전쟁
이 공식 정지되고 정전 상태로 접어들었다. 정전협정 준수를 감시
하고 전쟁 기간 중 발생한 포로들의 송환을 위해 정전협정을 근거
로 중립국 감독위원회Neutral Nations Supervisory Commission, NNSC와 중립
국 송환위원회Neutral Nations Repatriation Commission, NNRC가 구성되었는
데, 스웨덴은 중립국 감독위원회(이하 중감위)와 중립국 송환위원회
에 모두 선임되어 자국 대표단을 파견하여 정전 이후 한국의 상황
을 안정시키는 데 이바지하였다. 중감위의 임무는 정전 협정문 41

조에 규정되어 있는데, '정전협정에 규정된 감독, 감시, 시찰 및 조사의 직책을 집행하며 이러한 감독, 감시, 시찰 및 조사의 결과를 군사정전위원회에 보고하는 것'이라고 되어 있다. 중감위 참여국으로 유엔은 중립국인 스웨덴과 스위스를, 공산권은 체코슬로바키아와 폴란드를 각각 추천하였다. 스웨덴이 유엔군 추천으로 중감위 감독국가로 선임된 배경과 관련하여, 일부 학자들은 스웨덴이 중립국이라는 이유도 있었지만, 당시 유엔 사무총장이 스웨덴 출신의 다그 함마르셸드Dag Hammarskold였다는 점도 작용하였을 것으로 추정한다. 중립국 송환위원회는 주로 포로 송환 업무를 감시하기 위한 임무를 수행하기 위한 위원회로서 중감위에 참가하는 4개국에 인도가 추가되어 총 5개국으로 구성되었다. 중립국 송환위원회 주도로 양측의 포로가 송환되었고, 1954년 2월 중립국 송환위원회는 임무를 마무리하고 해산하였다. 정전협정 체결을 둘러싸고 가장 첨예하게 대립했던 문제가 전쟁 포로 교환 문제였는데 유엔군 측은 포로 각 개인의 자유의사에 따라 송환을 결정해야 한다는 입장이었고, 공산권은 무조건 모두 원 소속 국가로 송환해야 한다는 입장이었다. 결국 정전협정은 유엔군 측의 의사대로 체결되었고, 우선 송환 희망자는 판문점에서 송환하되 송환 거부 포로들은 중립국 송환위원회에 넘겨져 자유의사에 따라 행선지를 결정하게 되었다.

그 후 북한은 중감위 공산권 추천 국가인 체코슬로바키아와 폴란드를 1990년대 초 소련과 동구 공산권의 체제 전환을 이유로 판문점에서 철수할 것을 요구하여 두 나라 모두 자국으로 철수하였다. 그중 체코슬로바키아는 1993년 국가가 분리된 후 두 신생국가 모두 중감위 감독국가 자격 수임을 거절하여 결국 탈퇴하였고, 폴란드는 북한이 판문점에서 철수시킨 이후에도 본국에서 중감위 감독국가 임무를 계속 수행하고 있어 지금은 체코슬로바키아를 제외한 3국이 중감위 감독국가로 활동하고 있다. 스웨덴 외교부 공동성명에 의하면 스웨덴, 스위스, 폴란드 3국은 오늘날에도 매년 정례협의회를 갖고, 한반도 정세평가와 중감위 향후 역할 등에 관해 지속 점검과 협의를 해 오고 있다고 한다. 최근 들어서는 2017년 바르샤바, 2018년 뉴욕, 2019년 판문점과 서울에서 각각 정례협의회를 개최하였다. 스웨덴은 스위스와 함께 현재까지 판문점에 상근 대표부를 두고 있으며, 양국은 대표부에 각각 1명의 대표(소장급)와 4명의 장교를 주둔시키고 있다.

중감위는 정전협정에 근거하여 중립국 검사팀Neutral Nations Inspection Team, NNIT을 두었는데, 검사팀은 유엔군 측과 공산권 측이 각각 추천한 인사들로 구성되었다. 검사팀은 인천, 대구, 부산, 강릉, 군산 등 남한 5곳과 신의주, 청진, 흥남, 만포, 신안주 등 북한 5곳에 주둔하면서 활동하였는데, 주둔지에서 감독, 관찰, 조사한 결과를 토대로 주기적인 보고서를 작성하여 중감위에 보고하는 것이 주 임무였다. 중감위 소속 스웨덴 출신 직원은 남한의 인천, 부산과 군산, 북한의 신의주, 만포와 신안주에 근무하였다. 중감위는 이틀에 한 번 개최하는 정기 회의에서 중립국 검사팀에 의해 보고된 정기보고서와 특별 보고서 검토와 후속 방안을 주요 안건으로 논의하였다.

이상에서 살펴본 바와 같이 스웨덴이 1950년대 한반도와 공식 인연을 맺게 된 계기는 한국 전쟁 당시 유엔 결의에 따라 파견한 의료지원단 활동과 정전 체제 감시를 위한 중감위 감독국가로서의 활동이었다. 스웨덴은 전쟁 당시 적십자 야전병원을 설립하여 전쟁 부상자 치료와 전쟁 빈민에 대한 구호 활동에 적극적인 역할을 하였다. 연인원 1천 명이 넘는 의사와 간호사를 파견하여 인도주의 활동을 전개하였고, 전후에는 한국에 의료기술 전수와 의료 인력 훈련 등 한국의 의료기술 발전 및 인력 양성에 적극적으로 기여하였다. 또한 스웨덴은 정전협정 체결과 함께 구성된 중감위 감독국가로 선임되어 전후 오늘날까지 약 70년 이상을 정전협정 이행 감시를 통해 한반도의 평화 유지와 안정에 기여하고 있다.

이러한 스웨덴의 적십자 야전병원 의료 활동과 중감위 활동은 후에 스웨덴의 북한에 대한 규범적 관여 외교와 평화 중개외교로 이어졌다. 즉 스웨덴의 인도주의 정신에 따른 전쟁 부상자 치료 활동은 북한에 대한 인도적 지원과 역량강화사업 같은 규범적 관여 외교로 이어졌고, 중감위 감독국가 활동은 한반도 평화와 안정에 기여한 북미 대화 촉진자 역할이라는 평화 중개외교의 씨앗을 담고 있었다. 스웨덴이 가진 고유한 사민주의 이념에 입각한 인도주의적 전통과 평화 지향적 성향은 1950년대 한반도와의 초기 관계 형성에 작용하였고, 1990년대~2000년대 기간 중 대북한 규범적 관여 외교와 평화 중개외교로 이어졌던 것이다.

# 3장

# 스웨덴의 대북한 규범적 관여 외교

# 가. 스웨덴 – 북한 관계의 형성과 전개

## (1) 스웨덴의 중립주의와 규범 외교

1973년 스웨덴이 북한과 수교한 이후 대북한 외교정책의 두 개의 기둥은 규범적 관여 외교와 평화 중개외교라고 할 수 있다. 스웨덴의 대북한 관여에는 오랜 기간 유지해 온 중립노선과 가치에 기초한 규범 외교가 근저에 있다. 스웨덴은 중립노선에 기초하여 공산 진영에 속한 북한에 인도주의 지원과 역량강화사업을 지속적으로 전개함으로써 대북한 관여를 시행하였다.

　관여 정책의 의미에 관해서는 학자 간 다양한 견해가 존재한다. 관여 정책은 일반적으로 상대국과 다양한 분야에서의 접촉과 교류를 통해 상호의존 관계가 깊어지는 정책을 의미한다. 이런 의미를 스웨덴의 대북한 외교정책에 적용해 볼 때 오랫동안 스웨덴이 인도적 지원, 역량강화사업, 고위급 인적 교류 등을 통해 북한과 유대 관계를 맺어 왔고 이를 통해 북한의 신뢰를 얻어 북한을 국제사회로 유도하는 데 기여하였다는 점에서 스웨덴의 대북정책이 관여 정책의 범주에 속한다고 볼 수 있다. 관여 정책은 포괄적인 개념으로써 다양한 형태로 나타난다. 이반 레스닉Evan Resnick이라는 학자는 관여 정책을 "외교·군사·경제·문화 등 다양한 영역에서 대상국과의 포괄적인 접촉과 교류의 증진을 통해 대상국의 행동에 영향력을 미치려는 시도"라고 정의하고 관여의 방법을 외교, 군사, 경제, 문화 등 4가지 영역으로 구분하여 정리하였다. 레스닉이 정리한 4가지 관여 정책의 영역은 ① 외교 영역(외교적 승인, 외교 관계의 정상화, 국제기구 회원국 가입 지원, 대상국과의 국가 정상 또는 고위급 인사 교류 및 회담 개최) ② 군사 영역(군 고위 인사 상호 방문 교류, 무기 지원, 군사원조와 군사협력, 군 인사 교류와 교육훈련, 신뢰구축조치, 정보 공유) ③ 경제 영역(무역협정 체결과 교역 증진, 유·무상 대외경제 원조와 인도적 지원 제공) ④ 문화 영역(문화협력 협정 체결, 상호 여행·관광 촉진, 스포츠·예술·학술 교류)을 말한다. 레스닉이 정리한 관여 정책의 영역을 스웨덴의 대북정책에 적용해 볼 때 스웨덴은 외교 영역에서 고위급 인사 교류와 관계 정상화, 경제 영역에서 인도적 지원 제공, 그리고 신뢰 구축 차원의 지식전달사업인 북한 엘리트층을 대상으로 한 역량강화사업에 중점을 두고 이루어졌다는 점을 알 수 있다. 스웨덴은 관여 정책을 통해 얻은 북한의 신뢰를 활용하여 북한을 국제사회로 유도하고 북핵 문제 해결을 위한 북미 대화를 중간에서 지원하는 조력자의 역할을 하였다.

스웨덴은 전통적으로 중립노선에 기초하여 대외정책을 전개하였다. 냉전 시기에 스웨덴은 강대국 사이에 강력한 대립과 긴장이 계속되는 구조 속에서 약소국으로서 살아남기 위해서는 한쪽에 치우치지 않는 중립만이 자신의 안전을 지키는 유일한 길이라는 것을 잘 알고 있었다. 또한 양 진영 국가들 모두와 협력을 도모해 나감으로써 지정학적으로 강대국에 둘러싸여 있어 자칫 어느 한쪽에 치우칠 때 초래될 안보적 위험으로부터 자신을 지키기 위해 노력하였다. 스웨덴은 19세기부터 중립주의 노선이 강대국 사이에서 자국의 안보를 지킬 수 있는 길이라는 확고한 믿음을 갖고 이를 대외정책의 근간으로 삼았다. 중립주의 노선의 유용성은 1, 2차 세계대전에서 스웨덴이 자국 영토가 전쟁터가 되는 것을 방지할 수 있었던 역사적 사실로 입증되었다.

스웨덴의 중립노선은 '전시 중립을 위한 평시 비동맹freedom from

alliances in peacetime aiming at neutrality in the event of war'을 모토로 하였다. 이는 '동맹으로부터의 자유freedom from alliances'를 의미하였고 북유럽 변방에 위치한 인구 1,000만 명의 소국가, 스웨덴이 강대국들의 갈등에 원치 않게 끌려 들어가는 '의무'를 피할 수 있는 최선의 방법으로 인식되었다. 즉 스웨덴은 중립노선을 통해 '국가적 자율성'과 '독립성' 유지를 최우선 국가 목표로 설정하였던 것이다.

한편에 치우치지 않는 중립노선은 양쪽 어디에도 가담하지 않는 엄격하고 소극적인 형태로 나타날 수 있지만, 반대로 한쪽에 치우치지 않는 한 양측 모두에 적극적이고 능동적으로 협력해 나가는 모습으로도 나타날 수 있다. 국제적 여건만 잘 맞으면 어느 한쪽에 가담하는 것을 피하는 것에 머무는 것이 아니라 양쪽 모두에 대해 공평하게 적극적으로 다가가는 중립을 취할 수 있는 것이다. 스웨덴의 중립 정책은 1960년대 말 울로프 팔메 정부에서 더욱 적극적인 형태로 전환되었는데, 이 시기는 쿠바 미사일 위기를 계기로 국제정세가 냉전에서 탈냉전으로 전환되기 시작하면서 강대국 사이의 팽팽한 긴장과 대립의 구도가 이완되기 시작한 시기였다. 이에 따라 스웨덴도 엄격한 진영 간 대립과 구조적인 압박에서 벗어나 좀 더 숨 쉴 수 있는 여유 공간이 생긴 시기였다.

스웨덴은 이 기회를 활용하여 자신이 강대국과 비교해 열세에 있는 군사력, 경제력 같은 경성권력hard power이 아니라 오히려 우세에 있는 연성권력soft power을 적극적으로 활용하여 가치에 기반한 '규범 외교'를 펼쳐 나갔다. 스웨덴은 도덕적 가치에 기초한 규범 외교를 적극적으로 펼쳐 나감으로써, 약소국으로서 신생 독립국과 보조를 같이하고 강대국의 권력 정치에 대응하여 전 세계 약소국들의 대변자 역할을 하기 시작한 것이다. '적극적 중립 정책'은 울로프 팔메가 추진한 규범 외교와 결합하면서 보다 분명한 형태로 나타났다.

울로프 팔메 총리 집권 시기인 1960년대 말 이후 스웨덴이 추진한 '적극적 중립 정책'과 '규범 외교'는 강대국의 권력 정치에 대항하는 제3세계 국가의 이익을 옹호하고 대변하는 역할을 스웨덴이 자임하고 이를 적극적으로 이행했기 때문에 강대국인 미국에 대항하는 이미지를 가진 북한과의 외교적 관계 형성이나 경제교류가 자연스러운 관계의 흐름 속에서 이루어질 수 있었다. 스웨덴과 북한의 외교 관계 수립 당시 스웨덴 언론은 북한을 '한국 전쟁 때 미국의 폭격을 받아 수도가 완전히 파괴되었지만, 그 후 성공적인 경제 복구를 통해 융성하는 아시아의 공업 국가로 발전한 제3세계 국가'라고 묘사하였다. 또한 북한은 '기본적으로 자신의 힘으로 무상 의료, 9년제 초등학교, 현대적 주택과 전 국민에게 적정한 식량을 배급하는 안전한 사회를 건설하였고 유치원, 서비스 제도, 법적 보장 등을 통해 동등한 임금을 받는 북한 여성들은 직장에서 대우를 받고 있다.'고 보도하였다. 이러한 스웨덴 언론의 북한에 관한 인식과 평가는 당시 시대 상황을 반영한 것으로서 강대국에 맞서는 북한에 대한 스웨덴의 국제주의와 연대주의를 잘 반영한 것이다.

스웨덴이 규범 지향이라는 새로운 외교적 자원을 활용하여 국제무대에서 펼쳐 나간 '규범 외교'란 강대국의 무절제한 권력 정치에 대항하여 국제적 여론을 형성하고 강대국 권력 정치에 대한 '비판자' 역할을 하는 것이었다. 이런 비판의 역할은 미·소 두 강대국을 대상으로 하였으며, 특히 미국의 베트남전 개입과 소련의 프라하 및 아프가니스탄 침공이 가장 강력한 비판의 대상이었다. 스웨덴은 미국의 베트남 정책을 도덕과 인간의 기본권 차원에서 국제사회에서 공식적으로 비판하였고, 이를 통해 도덕적 우월성을 확보하였다. 동시에 개인의 자유를 억압하는 소련의 스탈린식 사회주의도 비난함으로써 동유럽 국가에서 민주주의가 확산하는 계기도 만들었다. 즉, 팔메 총리는 자신의 정치 철학에 따른 반제국주의와 반공산주의를 외교정책을 통해 실현하려고 하였다. 스웨덴은 비판자 역할에 만족하지 않고 실제 정책과 행동으로 규범 외교를 실천하였는데 이는 스웨덴의 대외원조 비중 확대, 유엔 평화유지 활동 적극 참여, 환경표준 설정, 국제분쟁 중재, 난민 정책 등으로 나타났다. 스웨덴의 '적극적 중립 정책'은 양 진영에 속한 국가 모두를 대상으로 스웨덴이 협력적 관계를 맺는 것을 자연스럽고 당연한 외교로 비치게 하였고 서방 진영의 자유민주주의 국가뿐 아니라 북한 같은 공산권 국가와의 관계 수립에도 그대로 적용되었다.

## (2) 스웨덴 - 북한 수교

### 1) 수교의 배경

앞에서 살펴본 바와 같이 스웨덴은 한국 전쟁 기간 중 중립국으로서 전투부대 대신 의료팀을 한국에 파견하여 부상자 치료와 민간인 구호라는 인도적 활동을 하였고 이를 통해 한반도와 첫 공식적 관계를 맺었다. 스웨덴이 한반도와 공식적 관계를 맺은 또 한 번의 인연이면서 한반도 안보에 더 직접적으로 관여하게 된 계기는 전후 중립국 감독위원회 감독국가 활동이었다. 스웨덴은 1953년 정전협정 체결에 따라 구성된 중립국 감독위원회 감독국가로 선임된 이후 오늘날까지 약 70여 년 동안 그 임무를 수행하고 있고 이를 통해 한반도 평화와 안정에 기여하고 있다. 스웨덴 정부와 의회 주요 인사들은 스웨덴이 중립국 감독위원회에 참가하여 한반도 평화 유지에 기여하고 있다는 데 대해 대단한 자부심이 있으며 그 역할에 큰 중요성을 부여하고 있다. 이러한 스웨덴 정부와 의회 인사들의 평가와 태도는 스웨덴이 역사적으로 오랜 기간 국제분쟁을 평화적으로 해결하는 데 기여하려고 노력해 온 전통에 기인한다. 중립국 감독위원회 활동은 스웨덴이 한반도 평화 문제에 대해 처음으로 직접적으로 관여하게 된 중요한 계기였고, 1973년 북한과 외교 관계를 맺는 과정에서 정부의 검토 및 의회 토론 등 스웨덴 내부 논의 과정에서 하나의 중요한 고려사항이었다.


　북한은 1960년대 말부터 스톡홀름에 연락사무소information bureau를 개설하였다. 북한은 1970년대 초반에는 스웨덴에 잘 알려진 나라가 아니었기 때문에 먼저 북한에 대한 인지도를 높이기 위한 대대적인 홍보활동에 역점을 두었다. 홍보의 방식은 스웨덴 주요 일간지에 전면 광고 형식으로 김일성의 국제정세 인식에 관한 글을 게재하여 북한을 스웨덴 사회에 알리는 것이었다. 당시 전면 광고 한 페이지당 광고비는 1만 스웨덴 크로나였다. 제1회분은 1970년 8월 24일 월요일에 게재되었고, 내용은 김일성의 현 한반도 상황에 대한 평가가 주된 내용이었는데 미 제국주의자들이 거의 매일 불장난을 하고 있고 그들의 군사 도발로 인해 한반도에 일촉즉발의 상황이 초래되고 있다는 주장이었다. 광고의 정중앙에는 결의에 찬 눈초리로 앞을 응시하는 모습의 김일성 초상화 흑백사진이 실려 있었다. 일간지 전면 광고는 내용이 너무 길면서 일방적이고 교조주의적인 주장만 담고 있어서 사실상 스웨덴 국민의 관심을 끌수 없었다. 그러나 북한 당국은 개의치 않았다. 북한 내부 주민들에게 스웨덴에서도 김일성에 대한 인기와 존경이 높아 일간지에 보도될 정도라고 선전하는 데 매우 유용한 수단이었기 때문이다.

## [사진 3] 스웨덴 일간지 『Aftonbladet』 북한 광고

북한은 비용이 많이 들었지만 이러한 일간지 전면 광고라는 방식의 홍보를 미국에서도 시행하였다고 한다. 북한이 1973년 『New York Times』에 전면 유료 광고를 내기 시작하였는데 이러한 고가의 광고는 미국 여론에 미치는 영향은 미미하였을 것이지만 최소

한 북한 내부 용도 면에서는 매우 훌륭한 소재가 되었다고 평가되었다. 또한 북한의 『New York Times』 앞 서한은 미국조차도 김일성을 존경한다는 징표로서 평양 북부에 있는 국제 우정 전시홀에 항구적으로 전시되어 있다고 한다.

언론 광고 이외에 당시 스웨덴에서 주목을 받은 것은 수백 명의 친북인사를 중심으로 구성된 스웨덴 북한친선협회 활동이었다. 스웨덴 북한친선협회Svenska-Koreanska Föreningen, https://svenskkoreanska.se 는 1969년 설립되었는데, 주로 시위 조직, 공개 집회 개최, 강연 주선, 김일성 저작물 스톡홀름 서점 배포, 자체 홍보 잡지 발간 등을 중심으로 1970년대에 왕성한 활동을 전개하였다. 아울러 전시회를 개최하여 전쟁으로 파괴된 나라에서 '현대적 복지국가'로 탈바꿈한 북한의 발전상을 선전하는 내용을 적극적으로 전파하였다. 설립 초창기에는 반전 평화운동가인 안드레아 안드린Andrea Andreen, 女, 의사 등 지명도 있는 인사들이 참여하면서 스웨덴-북한 수교 지지 여론을 조성하는 역할도 하였으나, 구소련 붕괴 및 탈냉전 등 시대가 변화하고, 남북한 간 국력 차이가 현격화 되고 회원 세대교체에 실패하면서 현재는 60~70대의 고령 회원 30여 명 정도만 활동하면서 명맥을 유지하고 있다.

1970년대 북한은 정치적으로 어떠한 상황이었고 서방 국가인 스웨덴과의 관계에 관심을 두게 된 북한의 대내외적 요인은 무엇이었을까? 먼저 종전 후 20년은 북한에 경제적으로 매우 성공적인 기간이었다. 이 기간에 북한은 소련과 동구권 공산주의 국가들의 적극적인 지원을 받아 계획경제 개혁과 급속한 산업화를 이끌었다. 그 결과 전후 첫 10년간 북한은 경제 성장률이 연 25%가 될 정도로 고도성장을 이룩하였다. 1970년대 말까지 북한은 한국보다 높은 국내총생산GDP을 보였다. 이러한 동력에 힘입어 북한은 '1971~1976 경제발전 6개년 계획'을 한해 앞당겨 달성하기로 결정하였다. 그러나, 북한은 그 당시 항만, 교통 등 기간시설이 확충되지 않은 상태였고 사회주의 경제 체제의 속성상 한계로 인해 생산과 판매가 충분하지 않았다. 이러한 상황에서 북한은 경제발전을 조속히 달성할 목적으로 필요한 기술과 자본을 구하기 위해 서방 진영으로 눈을 돌리고 있었다. 왜냐하면 기존에 북한을 지원해 주던 공산권 국가들은 북한이 필요로 하는 수준의 기술과 자본을 제공할 수 없었기 때문이다. 즉 북한이 중장기 경제개발 계획에 따라 대규모 기술과 장비가 필요하였고 첨단 기술은 소련이나 동구 공산권 국가 같은 기존 경협 국가는 제공할 수 없었기 때문에 북한은 서방 국가와의 협력으로 눈을 돌렸다.

북한이 1970년대에 서방에 대한 접근을 모색하는 방향으로 전환하게 된 또 다른 이유는 국제정세의 변화라는 외부적 요인이었다. 1971년 9월 중국의 유엔 가입과 1972년 닉슨의 중국 방문을 계기로 미·중 관계가 개선되고, 일·중 국교 정상화, 미·소 화해 등 양 진영 간 전반적인 화해 분위기가 성숙함에 따라 북한도 이러한 탈냉전이라는 국제질서의 변화에 맞추어 기존의 소련·중국 중심의 외교에서 벗어나 보다 다변화되고 실리적인 외교정책을 추진하게 된 것이다. 아울러 1970년대 들어서서 유엔 및 기타 국제기구에서의 남북한 대결에 대비하여 지지국을 최대한 확보할 필요성이 생겼기 때문이다.

이렇듯이 1970년대 중반 스웨덴과 북한은 국내외 정세 변화에 따라 각자의 동기로 인해 서로를 필요로 하는 존재가 되었다. 즉, 스웨덴은 북한이라는 수출시장을 다른 서방 국가보다 먼저 선점하려는 동기가 있었고 대외정책상 중립노선을 추구하였기 때문에 서방 진영에 속한 국가뿐 아니라 공산권에 속한 국가들과도 폭넓은 관계를 맺으려는 동기가 있었다. 한편 북한은 1970년대 탈냉전이라는 국제질서의 변화에 대응하기 위해 외교 다변화와 실리 외교를 추진하고자 하였고 기존에 협력 관계를 맺어 온 사회주의 진영 국가뿐 아니라 중립적인 서방 국가들과도 새로운 관계를 맺기를 원하고 있었다. 아울러 북한은 기존에 협력 관계에 있던 공산권 국가들이 제공할 수 없었던 기술과 자본을 서방 선진 국가들을 통해 얻기를 원하고 있었다.

1970년대 초 미국과 중국 사이에 진행된 화해는 북한에 중대한 국제정세 변화로 인식되었고 1960년대 말에서 1970년대 초까지의 시기는 중·소 사이의 대립과 미·중 사이의 화해가 진행되면서 북한에 매우 혼란스러운 기간이었다. 그러나 다른 한편으로는 대남 관계에서 새로운 변화를 모색하는 시기이기도 하였다. 북한은 미·중 긴장 완화를 미국이 중국에 항복한 것으로 받아들였고, 공산 진영의 자유민주 세력에 대한 승리는 북한의 대남 승리로 인식되었다. 김일성의 고조된 자신감은 '7.4 남북공동성명'의 채택으로 나타났다. 아울러 북한은 서방 국가들과도 수교를 위해 노력하였고 같은 맥락에서 이 시기에 스웨덴 등 북유럽 중립국들과의 수교도 이루어졌다.

1973년 4월 6일 스웨덴은 북한과 수교하였다. 스웨덴은 중립주의 정책에 기초하여 한국과 수교한 지 14년이 지난 1973년 북한과도 외교 관계를 수립하였고, 서울에 상주 대사관을 개설(1979년)한 것보다 4년 앞선 1975년 서방 국가 중 최초로 평양에 상주 대사관을 개설하였다. 스웨덴 정부에 북한과의 수교를 지속적으로 요청하고 압박한 것은 북한과 자유로운 거래를 희망하고 있던 스웨덴 기업들과 당시 스웨덴 사회에 팽배했던 진보적 사상이 충만한 세력들이었다. 스웨덴 기업들은 북한이라는 새로운 시장을 찾았다는 희망, 기대와 함께 북한처럼 국가가 무역을 통제하는 체제에서는 정치적인 접촉이 매우 중요하므로 스웨덴이 북한과 수교함으로써 기업들이 북한과 더욱 많은 거래의 기회를 얻을 수 있게 해야 한다고 주장하였다. 아울러 그 당시는 북한과 거래를 시작한 지 얼마 지나지 않아 북한의 지불 능력에 대한 불안한 소식이 들리기 시작하였는데 북한과의 수교를 통해 이러한 불안감도 해소될 수 있을 것으로 믿었다. 다른 한편 젊은 층을 중심으로 한 스웨덴 진보 세력들은 스웨덴이 양 진영 어디에도 속하지 않고 대외 중립노선을 추구한다고 말하면서 정작 현실에 있어서는 미국의 지원을 받는 한국과는 1959년 이미 수교한 데 반해 공산권에 속하는 북한과는 수교하지 않은 것은 이율배반적인 행동이라고 비판하면서 북한과의 수교를 통해 스웨덴이 양 진영 어느 한쪽에 치우치지 않는 진정한 중립노선을 추구함을 분명히 해야 한다고 주장하였다.

스웨덴이 북한과 수교한 직접적 동기는 물론 경제적 이유라고 평가된다. 그러나, 스웨덴의 적극적 중립 정책 또한 스웨덴-북한의 수교에 유리한 사회적 분위기를 조성하였다고 할 수 있다. 2차 대전 후 냉전 시기에 스웨덴은 중립주의 노선을 고수하였으며, 동서 양 진영 어디에도 치우치지 않는 중립노선을 지키기 위해 최선의 노력을 다하였다. 스웨덴은 중립노선에 기초하여 자유 진영 국가뿐 아니라 공산 진영 국가들과도 자연스럽게 가깝게 지낼 수 있는 여건이 조성되었다. 이런 맥락에서 북한에 경제적으로 접근하는 것이 특별한 관심을 불러일으키지 않는 자연스러운 움직임으로 여겨졌다. 대북한 수교 배경과 관련하여 야콥 할그렌Jakob Hallgren 전 주한 스웨덴대사(2018~ 2021)는 "1970년대 초반부터 중반까지 스웨덴 국내적으로 조성된 시대 정신은 과격 좌파 주의였다. 특히

1968~69년 당시 교육부 장관이었던 울로프 팔메는 소련 주재 북베트남 대사와 함께 스톡홀름에서 열린 시위에 동참하는 등 미국의 베트남 전쟁 개입에 대한 반대 의사를 노골적으로 표시하였고, 1975년 미국과 적대 관계에 있었던 쿠바를 공식 방문하기도 하였다. 북한과의 수교도 이런 사회 분위기 속에서 동서 양 진영 모든 국가와 대화 채널을 열어 둔다는 사고가 많은 영향을 미쳤다고 생각한다."라고 저자와의 인터뷰에서 증언하였다. 북한과의 수교가 필요하다는 주장의 논지는 주로 스웨덴이 대외적으로는 국제사회의 남북한에 대한 인정이 한반도의 긴장 완화와 평화증진에 기여한다고 주장하면서 정작 스웨덴은 북한과 수교를 미루는 것은 모순이라는 논리였다. 의회에서는 주로 좌파당Left Party, vänsterpartitet을 주축으로 북한과 수교를 주장하는 의안motion이 외교위원회에 제출되어 토론이 이루어졌다. 북한과 수교를 요청하는 의안은 1969년부터 매년 제출되었는데 북한만을 수교 대상으로 하는 의안 형태도 있었지만, 대다수는 북베트남, 동독과의 수교를 주장하는 의안에 같은 공산 진영에 속한 북한도 포함된 형식으로 추진되었다. 대북 수교를 지지하는 의원들은 미국의 지원을 받는 남한 정부와는 1959년 수교한 반면 공산 진영에 속하는 북한과 수교하지 않는 것은 균형이 맞지 않고 중립주의 노선에도 어긋난다고 비판하였다. 일부 좌파당 의원은 "북한은 전후 복구와 경제 재건을 성공적으로 완성하는 등 경제적으로 발전하고 있으며 정치적으로도 미 제국주의의 꼭두각시인 남한과 달리 외국 군대가 주둔하지 않고 인도차

이나에 군대를 보내 인종학살에 가담하지도 않았다.”라고 주장하면서 외세의 간섭에서 완전히 벗어나 독립적으로 발전하고 있는 북한과의 공식적인 관계 수립의 정당성을 강조하였다. 대북한 수교 의안은 토의 결과, 의회에서 여러 차례 부결되었다. 스웨덴 의회에서는 북한과의 수교에 대한 필요성과 타당성을 부정하는 것은 아니었지만 대체로 적절한 시점으로 결정을 미루는 것이 바람직하다는 결론으로 논의가 마무리되었다. 또한 북한과의 수교에 관한 의안이 제안될 때마다 유엔을 통해 남한으로부터 외국 군대를 철수시켜야 한다는 요구도 의안 내용에 들어있었는데 이 사안은 스웨덴 의회가 아니라 유엔에서 다루어야 할 사안이라는 결론이 내려졌다. 북한과의 수교 주장은 두 가지 이유로 번번이 부결되었는데 하나는 스웨덴이 북한을 승인하면 스웨덴의 중립국 감독위원회 활동에 지장을 초래할 가능성이 있다는 반론 때문이었다. 즉, 공산권이 추천한 폴란드와 체코슬로바키아는 북한만 승인하고 남한은 승인하지 않고 있고 유엔군 측이 추천한 스웨덴과 스위스는 남한만 승인하고 북한은 승인하지 않고 있어 균형이 이루어진 상태인데, 폴란드와 체코슬로바키아가 남한을 승인하지 않는 상황에서 스웨덴만 북한을 승인하면 균형이 깨진다는 논리였다. 또 다른 이유는 1972년 당시 남북한 사이에 통일을 향한 대화와 화해의 움직임이 이제 막 시작되고 있는 상황에서 자칫 스웨덴의 대북한 수교로 인해 남북한 직접 대화에 부정적 영향을 주거나 남북한의 분단을 고착시키는 데 기여할 수 있어 남북한의 대화 노력을 방해하는 결과를 가져올 수 있다는 우려였다.

스웨덴은 서방 국가 중에서 북한과 수교한 첫 번째 국가이다. 왜 유독 스웨덴만 다른 서방 국가들 보다 약 20년 앞서 북한과 공식 외교 관계를 맺었을까? 그 배경은 첫째, 스웨덴이 1960년대 '비동맹'을 표방한 국가로서 '중립'을 공식적으로 선택하였고 자유 진영 국가뿐 아니라 공산 진영 국가들과도 정상적인 관계를 맺고자 하였던 점이다. 특히 1970년대 들어와서는 울로프 팔메 정부의 적극적 중립 정책에 따라 반제국주의 노선을 표방하였으므로 당시 사회 분위기상 북한과의 외교 관계 수립이 정상적으로 받아들여지는 분위기였다는 점이다.

둘째, 스웨덴은 1953년 휴전협정 체결과 함께 초기부터 중감위 NNSC 감독국가로서 양측의 정전 의무 준수를 감독해야 하는 임무를 부여받았기 때문에 비록 스웨덴이 스위스와 함께 유엔군 사령부의 추천으로 중감위 감독국가로 선임되었지만, 북한과의 관계도 임무 수행을 위해 필요하다는 측면도 고려되었다고 볼 수 있다.

셋째, 스웨덴은 당시까지만 해도 자유 진영에서 선임된 중감위 감독국가로서 공산 진영 추천으로 선임된 체코와 폴란드가 남한과 수교하지 않은 상태에서 대북한 수교가 자칫 균형을 깰 수 있다는 우려를 고려하지 않을 수 없었다. 그러나 1972년 7.4 공동성명 발표로 한반도에 화해 분위기가 조성되어 이러한 우려가 이전보다 많이 완화되었다고 판단한 것이다.

넷째, 대북한 수교가 북한 정권의 이념과 북한의 국내정치적 상황에 대한 지지를 의미하는 것이 아니라 자신의 영토에 대한 확실한 통제 능력을 가진 어떤 국가의 정부와도 공식 관계를 맺는다는 소위 '보편성의 원칙universality principle'이 당시 스웨덴이 견지하고 있던 원칙이었다는 점이다. 스웨덴 정부는 대북한 수교 결정과 관련하여 이 원칙에 충실했다는 점을 강조하였다. 이는 아무리 부도덕한 '악당 국가'라 하더라도 공식 관계를 맺고 소통하는 것이 대화를 단절하는 것보다 옳은 상황 판단에 도움이 된다는 스웨덴의 믿음에 기초하였다.

북한도 스웨덴을 '혼합경제 체제'의 표본으로 본받고자 하는 의지가 있었기 때문에 스웨덴과 관계를 맺는 것이 자신들 이익에 부합한다고 판단하였다. 매들린 올브라이트 미국 국무장관은 자신의 회고록 『Madam Secretary』에서 2000년 방북 당시 김정일 위원장은 스웨덴 경제 모델에 관해 관심을 표명하였다고 증언하였다. 이처럼 스웨덴과 북한 양 국가는 일방만의 필요가 아니라 서로의 필요 때문에 공식 관계를 맺게 된 것이다.

## 2) 수교에 대한 스웨덴 및 남북한 반응

스웨덴의 대북한 수교에 대한 언론 반응은 스톡홀름과 평양에서 온도 차가 있었다. 스웨덴 언론은 북한이 스웨덴의 상품과 고급 기술을 필요로 하기 때문에 양국 수교를 계기로 많은 교류가 이루어질 것이라는 기대 섞인 전망을 하였다. 다른 스웨덴 언론은 스웨덴이 북한의 53번째 수교 국가이지만 서방 국가 중에서는 첫 번째 수교 국가라는 점을 부각하여 보도하면서 스웨덴과의 수교로 북한은 서방 진영과의 관계 개선에 물꼬를 트게 되었고 외교적으로도 고립에서 탈피할 기회를 얻게 되었다고 평가하였다. 또 다른 스웨덴 언론은 스웨덴의 북한 승인으로 인해 혹시라도 중립국 감독위원회 활동에 미칠 영향과 한반도에서 진행되고 있는 남북한 대화 분위기에 부정적 영향을 미치지 않을지 우려하는 시각도 함께 보도하였다. 이와 함께 스웨덴 언론은 스웨덴이 대북한 수교 결정에 앞서 중립국 감독위원회 유엔 측 추천 감독국가인 스위스에 북한과의 수교를 함께 추진하자고 제안한 바 있고, 또한 스웨덴과 스위스가 북한을, 폴란드와 체코슬로바키아가 남한을 각각 교차 승인하는 방안도 제안하였으나, 이러한 스웨덴의 제안은 합의가 이루어지지 않아 성사되지 않았다고 그간의 경과를 함께 보도하였다. 다른 스웨덴 언론은 스웨덴이 북한을 승인하게 된 동기는 그동안 견지해 온 '보편성의 원칙universality principle'에 근거한 것이라는 크리스테르 비크만Krister Wickman 외교부 장관의 발언을 인용하여 보도하였다. 즉, "스웨덴은 필요가 있다면 영토에 대한 지배력을 확보하고 있고 주권을 행사하고 있는 모든 국가와 외교 관계를 수립하는 것을 모색해 왔고 따라서 북한과의 외교 관계 수립이 이러한 원칙에 입각한 것이며 북한에 대한 정치적 지지나 우호적 입장을 반드시 의미하는 것은 아니다."라는 비크만 장관의 다소 신중한 발언을 보도하였던 것이다. 아울러 1972년 닉슨의 중국 방문, 중국의 유엔 가입, 대만의 급속한 정치 경제적 고립 등 미·중 간 조성된 화해 분위기에 따른 국제정세의 변화 속에서 한반도에서도 1972년 7월 4일 남북한이 통일을 위한 진지한 협의를 하기로 합의하였다고 소개하면서 스웨덴의 북한 승인이 남북한 분단을 고착화할 것이라는, 그간 스웨덴 일부에서 제기된 주장은 더는 근거가 없어졌다고 보도하였다. 즉, 스웨덴이 북한을 승인하는 것이 남북한 직접 대화나 통일을 추진하는 데 방해 요소로 작용할지 모른다는 주장은 설득력이 없어졌다는 것이었다. 다른 스웨덴 언론은 북한과의 수교가 스웨덴의 중립국 감독위원회 활동에 영향을 미칠 가능성과 관련하여 1971년~1972년 중립국 감독위원회 스웨덴 대표를 역임한 닐스 홀름스테트Nils Holmstedt 대령의 말을 인용하여 스웨덴이 중감위에 포함된 이유는 반드시 중립국이라서가 아니라 여타 중감위 참여국과 마찬가지로 한국 전쟁에 교전국으로 참여하지 않았기 때문이라면서 중감위 활동에 영향을 주지 않을 것이라는 주장을 보도하였다.

스웨덴과 달리 북한은 스웨덴과의 수교를 열렬히 환영하면서 대대적으로 보도하였다. 로동신문은 1973년 4월 8일 "스웨덴 정부가 1973년 4월 6일 크리스테르 위크만(비크만) 외교부 장관 명의 허담 북한 외교부장 앞 전문을 통해 북한에 수교를 제의하였고 허담 외교부장은 4월 7일 자 답신을 통해 이 제의에 동의한다는 의사를 표명하였다"라고 보도하였다. 또한 1973년 4월 9일 로동신문은 사설을 통해 스웨덴과 북한의 수교는 양국 관계에 있어서 획기적 사변이고 외국과 우호 관계를 형성하고자 하는 북한의 노력을 방해하려는 미 제국주의자들에게 가져다준 타격이라고 논평하였다. 스웨덴의 북한 승인과 관련하여 북한은 대대적인 환영과 함께 김일성의 자주적이고 원칙적인 대외정책의 승리이고 이를 방해하려는 미 제국주의의 패배라며 정치적이고 이념적 관점에서 평가하고 열렬히 반겼다. 또한 서방 진영과의 협력에 물꼬가 트인 만큼 더 많은 서방 국가와의 교류가 있을 것으로 전망하면서 미래에 대한 밝은 기대와 희망을 나타냈다. 결론적으로 스웨덴에서는 대북한 수교가 주로 경제적 이익 관점에서 조명되었고, 북한에서는 주로 대외정책 노선의 승리라는 정치 이념적 관점에서 평가되었다.

스웨덴의 북한 수교와 관련하여 한국 정부의 반응은 강경하였다. 한국 정부는 주스웨덴 한국대사관을 통해 분명한 반대 입장을 스웨덴 외교부에 외교 공한으로 공식 전달하였다. 스웨덴 언론은 "남북한 사이에 적대 행위가 다시 발생할 때 한국 국민이 중립국 감독위원회의 중립성에 관해 어떻게 생각하겠는가? 지금까지 스웨덴과 스위스는 남한만 승인하고, 폴란드와 체코슬로바키아는 북한만 승인한 상태였는데 이번 스웨덴의 북한 승인으로 인해 이런 균형이 깨지게 되었다"라고 한국 정부가 스웨덴 정부에 문제를 제기하였다고 보도하였다.

### 3) 수교 이후 양국 관계: 외교공관 개설과 외교사절 파견

스웨덴은 1973년 4월 북한과 수교한 이후에도 평양에 상주 외교공관을 개설하지 않고 일단 중국 주재 대사가 북한을 겸임하도록 하였다. 그 후 2년이 지난 1975년 3월 평양에 상주 대사관을 개설하고 대사대리를 파견하였다. 반면에 북한은 1973년 4월 스웨덴과 수교 후 소련 주재 북한 대사가 겸임하도록 한 후 1년 지나서 스톡홀름에 상주 대사관을 개설하였다.

북한으로부터 많은 추가적인 상품 주문을 받고 고무된 스웨덴 기업들은 수출 및 통관절차, 대금결제 지연 등 거래 과정에서 생기는 불안 요인 제거와 함께 기업 이익 보호와 더 많은 미래의 거래를 위해 평양 주재 외교공관을 되도록 조속히 개설해 줄 것을 스웨덴 정부에 요청하였다. 이에 따라 스웨덴 정부는 평양 주재 외교공관 개설 문제에 관해 내부적으로 심도 있게 검토하였다. 비밀 해제된 1974년 6월 10일 자 스웨덴 외교 문서에 따르면 스웨덴 정부는 대사관 개설이 가져올 득실을 정치적 측면과 경제적 측면으로 나누어 면밀히 검토하였다. 먼저 정치적 측면에서 평양 대사관 개설은 ① 스웨덴이 1975~1976년 안보리 비상임 이사국으로 활동하는 기간 중 한반도 문제 해결에 건설적으로 기여할 수 있는 계기를 제공할 것이다. ② 소련 및 중국과 특별한 관계에 있는 북한에 개설하는 스웨덴 외교공관은 중·소 분쟁 동향과 동아시아 지역 정세를 가까이에서 더 면밀하게 관찰할 수 있는 스웨덴의 중요한 전방 초소 outpost로서의 역할을 할 것이다. ③ 북한이 천명한 적극적인 대외 협력 외교정책을 감안할 때 앞으로 북한과 더 많은 공식 접촉이 필요하다는 점에서 공관 개설의 필요성이 인정된다고 평가하였다.

경제적 측면에서는 만약 평양 주재 공관이 개설된다면 "북한 지도부가 스웨덴이 북한을 조기에 공식 승인해 준 데 대한 보상으로 스웨덴에 상품 주문을 급속하게 늘렸음을 감안할 때, 특히 북한이 스웨덴의 강점 분야인 광산 장비와 수송 산업 분야에서 사업 확장을 계획하고 있기 때문에 북한이 스웨덴에 이 분야 장비 주문을 앞으로도 지속할 것으로 예상된다."라고 평가하였다. 또한 상주 대사관이 개설되면 경제 영역에서의 우선순위 업무는 ① 스웨덴-북한 교역 모니터링 ② 북한 당국 및 기관과의 고위급 공식 접촉 ③ 북한 진출 스웨덴 기업과 직원에 대한 지원 및 산업박람회 준비 지원이 될 것이라고 긍정 평가하였다.

이처럼 스웨덴 정부는 북한에 대사관 개설로 얻을 수 있는 정치·경제적 이익을 면밀히 검토하였고, 긍정적 검토 결과에 따라 1975년 3월 평양에 상주 대사관을 개설하기로 최종적으로 결정하였다. 평양의 스웨덴 대사관은 북한 주재 서방 대사관 중에서 가장 오래된 대사관이며, 이는 대다수 여타 서방 국가 대사관 보다 약 20여 년 앞선 것이다.

북한은 1973년 4월 7일 스웨덴과 외교 관계를 수립한 후 기존에 스톡홀름에 유지하고 있던 연락사무소를 대사관으로 전환하였고, 1973년 6월 29일 소련 주재 권욱경Gwon Huk Gyong 북한 대사가 스웨덴을 방문하여 구스타프 아돌프 6세Gustav VI Adolf 국왕에게 신임장을 제정하였다. 스웨덴 언론은 북한 권욱경 대사의 신임장 제정 소식을 권 대사의 약력 및 사진과 함께 서방 국가에 주재하게 된 첫 번째 북한 대사라고 간략하게 전했다. 초기에 북한은 주소련 대사가 스웨덴을 겸임하다가 초대 길재경 북한 대사가 1974년 3월에 스웨덴에 부임하면서부터 상주 대사를 파견하기 시작하였다.

스웨덴은 북한과 수교한 후 1973년 5월 24일 중국 주재 아르네 비요르베리Arne Björberg 스웨덴대사가 평양을 방문하여 서방 외교관으로는 처음으로 김일성 주석에게 신임장을 제정하고 약 30분간 단독 면담하였다. 스웨덴 언론도 처음으로 직접 취재가 허용되어 아르네 비요르베리 대사의 신임장 제정 사실을 평양발 뉴스로 보도하였다. 스웨덴 언론은 김일성 주석이 비요르베리 대사와 사탕과 북한 담배를 함께 즐기면서 30분간 단독으로 면담하였고 김일성 주석의 표정은 매우 만족스럽고 편안해 보였다고 보도하였다. 또한 스웨덴 언론은 "북한이 유럽에 문호를 개방하다" 제목으로 신임장 제정 장면을 생생하게 보도하면서 비요르베리 대사가 김일성 주석에게 신임장을 제정한 첫 번째 서방 외교관이라고 소개하였다. 신임장 제정식과 김일성 주석의 인사말이 끝난 후 스웨덴 언론은 곧바로 밖으로 안내되어 다른 방으로 이동하였으나, 북한 측은 스웨덴 언론이 김일성 주석이 있는 곳에 취재가 허용된 첫 번째 서방 언론이라는 점을 시종 강조하였다고 한다. 스웨덴도 북한과 마찬가지로 초기에는 주중국대사가 북한을 겸임하다가 1975년 3월 에릭 코르넬Eric Cornell 대사대리가 부임하면서부터 평양에 상주하게 되었다.

스웨덴과 북한이 외교 관계를 수립한 후 초기에는 다양한 분야에서 인적 교류가 확대되고 경제 협력이 심화하는 등 양국 관계가 순조로웠다. 수교와 함께 예상대로 북한으로부터의 추가적인 상품 주문이 이루어졌다. 그중 가장 큰 규모의 주문은 아틀라스 콥코Atlas Copco 회사의 광산 장비 2억 2,500만 크로나 상당의 주문이었다. 그 외에 볼보 자동차 회사에 승용차 1,000대와 트럭 주문도 이루어졌다. 또한 큰 규모의 선박 장비 주문과 주요 항만 공사 수주 건도 협상이 진행되었다. 양국 수교 직전인 1972년에 북한 무역사절단이 스웨덴을 방문하였고 스웨덴 수출보증 위원회EKN: Exportkreditnmnden, The Swedish Export Credits Guarantee Board는 북한 무역사절단 방문에 앞서 북한으로부터의 상품 주문에 대비하여 북한에 대한 위험평가를 시행하였는데 이 위험평가에는 북한과의 교역에 있어서 문제가 생기더라도 소련이 해결해 줄 것이라는 기대, 즉 '소련 우산Soviet Umbrella'이 반영되었다. '소련 우산'이란 공산권 국가와의 거래에서 대금지불에 문제가 발생하면 공산 진영의 지도국가인 소련이 개입하여 해결해 줄 것이라는 계산을 의미하였다. 또한 스웨덴은 과거에 폴란드, 동독, 소련, 중국 같은 국가 주도 무역 사례에 대한 경험이 있어서 북한의 국가 재정 상태에 대한 정보는 불투명하였지만, 안전한 대출자로 인식하였다. 즉, 북한 같은 국가 통제체제에서는 종국적으로는 파산 가능성이 있는 기업과의 거래가 아니라 국가를 상대로 하는 거래이기 때문에 안전하다고 평가하였다는 의미이다. 북한으로부터의 많은 상품 주문은 스웨덴 무역협회의 평양 산업박람회 개최 계획으로 이어졌다. 스웨덴과 북한의 무역 거래는 1974년에 정점에 이르렀는데 그해 가을 스웨덴 평양 산업박람회 준비가 시작되었다.

인적 교류도 활발하게 이루어졌다. 북한은 모든 분야에서 스웨덴과 대표단 교류를 원하고 있었고, 1973년 8월에 북한의 수준 높은 곡예단이 스웨덴 노조연맹LO; Landsorganisationen i Sverige, 영어 Swedish Labor Union Confederation 창립 75주년 기념 계기에 스웨덴을 방문할 예정이며 북한 축구선수단의 스웨덴 초청 얘기도 나오고 있다고 스웨덴 언론은 보도하였다.

## (3) 양국 관계의 굴곡: 북한의 부채와 외교관 밀수사건

1960년대 후반부터 점증하기 시작한 북한의 대서방 무역은 1969년 1억 9,000만 달러에 달했고 이러한 증가 추세는 지속되어 1974년에는 8억 7,400만 달러에 이르러 대소련 무역액 4억 7,800만 달러, 대중국 교역액 4억 달러를 크게 상회하는 수준이 되었다. 1974년 북한은 서방과의 교역액이 8억 7,400만 달러였으나, 무역 적자는 5억 2,900만 달러에 달해 그해 북한의 총무역적자액 6억 6,700만 달러의 80%를 점하였다. 이에 따라 1975년까지 누적된 북한의 외채는 17억 달러에 이르게 되었다. 1974년 이후 북한 경제는 쇠퇴기에 접어들어 1977년 대서방 교역은 1974년 수준의 반에도 못 미치는 3억 6,300만 달러에 불과하였고, 1977년 누적 외채도 21억 달러에서 30억 달러로 늘어난 것으로 추정되었다.

1970년대는 북한이 대대적인 6개년 개발 계획에 착수한 시점인데 불행하게도 서방과의 무역량 증가와 달리 이 시기 대외경제 여건은 그리 좋지 않았다. 1970년대 석유 파동으로 인해 북한의 주요 수입품목인 기계류와 석유의 가격이 상승한 반면 북한의 주력 수출 품목인 납, 아연 등 비철금속의 국제 가격은 하락하여 무역 구조가 심각하게 악화하였다. 더욱이 미국의 대중국·소련 관계 개선과 함께 중국과 소련의 대공산권 관계도 이완되어 대북한 원조가 감소하였고 원조가 대부분 차관으로 대체되었으며, 기존 차관의 상환기한도 도래하여 결국 북한은 심각한 외채난에 봉착하게 되었다.

스웨덴과 북한의 관계 형성 초기에 양국이 경제적으로 급속도로 가까워지고 많은 무역 거래가 이루어지게 된 배경은 앞서 설명한 바와 같이 1970년대 스웨덴이 새로운 무역 상대를 찾기 위해 해외 시장을 개척하려 노력하였고, 북한은 급속한 전후 경제 회복 이후 경제개발 계획을 추진하면서 선진기술과 장비 수입이 필요하였는데, 기술 및 장비를 수입할 상대 국가로 중립국이면서 선진기술 강국이었던 스웨덴이 눈에 들어왔기 때문이다. 1953년 6.25 전쟁 종료 후 20년 동안 북한의 계획경제 개혁은 급속한 산업화를 이끌었고 그 결과 전쟁 후 첫 10년간 북한의 경제 성장률은 연 25%에 이르렀다. 이러한 성과에 힘입어 북한은 1971~1976 경제개발 5개년 계획을 한해 앞당겨 완성하기로 작정한 상황이었다. 그러나 항만, 교통 등 시설이 확충되지 않은 상태였고 사회주의 체제 속성상 생산과 판매가 충분하게 이루어지지 않았다. 특히 중장기 경제 개발 계획에 따라 필요했던 대규모 첨단 기술과 장비는 소련이나 동구 공산권 국가 같은 기존 경협 국가는 제공할 수 없었기 때문에 북한으로서는 서방 국가와의 협력이 불가피한 선택이었다.

한편 1970년대 초반 스웨덴 기업들은 전후 빠른 경제 회복에 성공하고 자원이 풍부한 북한을 경제 협력의 최적 대상으로 판단하고 다른 서방 국가 기업들이 들어가기 전에 먼저 선점하기 위해 노력하였다. 스웨덴 기업은 무역 처녀지로 인식된 북한을 선점하면 경제적으로 큰 이익을 볼 것으로 기대했다. 당시 스웨덴 기업들은 스웨덴 사회민주당 정부가 중립 노선을 이유로 유럽연합 가입을 유보하여 넓은 유럽 시장에 대한 자유로운 접근이 제한되어 다른 유럽 국가들보다 경제적으로 불리한 상황에 놓여 있었기 때문에 조금이라도 더 많은 해외시장 확보가 필요하였고, 북한이 새로운 수출시장으로서 더욱 그 의미가 크게 보였다. 스웨덴은 복지 제도 운용에 필요한 비용과 무장 중립 유지에 필요한 국방비 조달을 위해서도 가능한 많은 해외 시장 확보를 통해 경제 성장을 지속하는 것이 필요하였기 때문에 정부 입장에서도 북한과의 무역을 통한 경제 활성화가 중요하게 인식되었다.

이처럼 스웨덴과 북한은 서로의 필요에 따라 급속히 경제적으로 가까워졌다. 북한으로부터의 상품 주문이 쇄도하는 상황에서 스웨덴 무역협회는 확대되어 가는 양국 간 교역을 더욱 촉진하기 위한 다음 단계로 평양에서 산업박람회 개최를 추진하였다. 예상대로 산업박람회에서 또 한차례 많은 상품 주문 계약이 성사되었고 북한과 스웨덴 사이에는 큰 규모의 무역 거래가 이루어지게 되었다. 당시 스웨덴의 눈에는 북한이 일본과 함께 동아시아에서 가장 산업화한 국가로 인식되었고 수출보증위원회는 북한을 국가 신용평가 4단계 중 3단계의 신용 국가로 분류하였다. 1973년 11월 스톡홀름을 방문한 북한 사절단은 스웨덴 정부와 무역협정에 서명하였다. 스웨덴 정부가 예상한 대로 무역협정 서명 이후 북한으로부터 스웨덴 기업에 많은 상품 주문이 이루어졌고 이들은 대부분 신용거래였다. 그러나 이 시기 국제 경제 동향은 북한에 그리 유리하지 않았다. 북한은 주 수출 품목의 가격 하락과 주 수입품목의 가격 상승으로 막대한 규모의 무역적자에 직면하였다. 북한의 무역적자 증가와 심각한 외채난은 스웨덴과의 교역에도 직접적인 영향을 미쳤다. 북한이 스웨덴에 수출 상품 대금을 변제하지 못하여 큰 규모의 부채를 지게 된 것이다. 스웨덴 기업들은 북한같이 거래 실적이 없어 위험 부담이 수반되는 수출이나 거래는 스웨덴 수출보증위원회EKN의 보증 아래 거래하기 때문에 기업들은 수출보증위원회로부터 미수금을 모두 변제받았고 결국 북한의 미수금은 스웨덴 수출보증위원회, 즉 스웨덴에 대한 국가 채무로 전환되었다. 북한은 1970년대 초 원대한 경제개발계획을 세우고 선진기술과 장비를 스웨덴에서 대거 도입하였는데 세계적인 원유 파동으로 원자재 가격이 하락하여 북한의 무역수지가 악화하면서 대금 지급 능력을 상실하였고 그로 인해 채무불이행 상태가 된 것이다.

북한의 대금지불에 처음 이상 신호가 온 것은 1974년 스웨덴 기업 코쿰스Kokums에 북한으로부터 선수금을 받지 못했다는 소식이 전해진 것이었다. 우려와 달리 이 문제는 북한이 국제 결제 체제를 잘 몰라서 발생한 단순한 행정적 문제라는 것이 밝혀져 일단 큰 문제 없이 넘어갔다. 그러나 그 후 북한의 지불 능력에 관한 두 건의 경고음이 다시 들려왔다. 하나는 북한의 수입액이 수출액을 상회하여 무역수지가 왜곡되고 있다는 소식이었고, 다른 하나는 동독 기업들이 북한에 수출한 물품 대금을 제때 받지 못하고 있다는 것이었다. 북한의 지불 능력에 관한 이런 경고음은 스웨덴이 북한과 더 많은 교역을 위해 평양 산업박람회를 준비하고 있던 시점에 나온 것이라서 더욱 우려스러웠다. 그러나 스웨덴 수출보증위원회는 북한의 잠재력에 더 현혹되어 이를 크게 신경 쓰지 않고 교역을 계속해 나가기로 결정하였다.

스웨덴 수출보증위원회 자료에 따르면 2019년 현재 스웨덴에 대한 북한의 부채 총액은 31억 7,300만 스웨덴 크로나(약 3.36억 미불 상당)였다. 1970년대 중반 처음 부채가 발생했을 때의 액수는 6억 스웨덴 크로나였으나, 북한이 부채를 일부 상환했음에도 불구하고 미상환 잔액에 매년 연체이자가 붙어 부채가 계속 불어난 것이다. 스웨덴과 북한은 2005년 약정을 체결하여 부채 액수를 서로 확인하기로 합의하였다. 그러나, 이 약정도 2018년 만료된 후 북한의 소극적 태도로 인해 이를 대체할 새로운 약정이 마련되지 않은 상태이다. 스웨덴 수출보증위원회가 공개한 북한 부채에 관한 일문일답 공보 자료에 의하면 2019년 9월 23일 북한 측에 기존 약정을 대체할 새로운 약정 체결을 요청하는 서한을 보냈으나 무응답 상태라고 한다. 북한이 스웨덴에 부채를 전혀 상환한 적이 없는 것은 아니다. 북한이 가장 최근에 부채를 상환한 것은 1989년이고, 상환 액수는 3,000만 크로나였다.

스웨덴 수출보증위원회는 기존 약정에 따라 2005년 이후 매년 2회 평양 주재 스웨덴 대사관을 통해 북한 당국에 부채상환 요청 통지서를 정기적으로 보내고 있으나 북한은 스웨덴 측의 부채상환 요청 통지서에 대해 무반응으로 일관하고 있다. 그러나 스웨덴은 북한의 부채를 양국 관계 발전에 장애 요인으로 보지 않는다고 평가하고 있다. 저자가 만난 스웨덴 외교부 북한 담당 직원은 부채상환 통지서를 매년 정기적으로 보내고는 있지만, 누구도 북한이 단기간 내에 부채를 모두 상환할 수 있을 것으로 기대하지 않는다는 반응을 보였다. 아이러니하게도 북한의 스웨덴에 대한 미수금은 이를 받아 내는 노력을 해야 하는 상황을 만들어 역설적으로 양국 관계를 계속 이어갈 수 있게 만드는 효과가 있다는 학자들 평가도 있다.

스웨덴의 대북한 관계 초기에 양국 관계를 주름 가게 한 두 가지 문제 중 부채 문제 이외에 다른 하나의 문제는 스웨덴 주재 북한 외교관의 밀수사건이었다. 1976년 스웨덴에서 벌어진 밀수사건의 개요는 이렇다. 스웨덴을 비롯한 노르웨이, 덴마크 등 스칸디나비아 지역에 주재하는 북한 외교관들이 값싼 술과 담배를 에스토니아 등 이웃 발틱 국가에서 싼값에 다량 구매한 후 외교 면책권을 이용하여 밴을 통해 주재국으로 몰래 반입하여 암시장에서 현지 도매상에 일정 액수의 이익을 남기고 넘기는 형식이었다. 이처럼 북한 외교관이 면책특권을 이용하여 불법으로 밀수하여 유통한 것이 경찰에 적발된 사건이다. 이런 불법 행위는 스웨덴뿐 아니라 노르웨이와 덴마크 등 스칸디나비아 지역 주재 북한 외교관들에 의해 행해졌다. 스칸디나비아 국가 경찰은 상호 정보 공유를 통해 북한 외교관의 수상한 행동을 일정 기간 지켜보다가 북한과 외교 관계가 없는 에스토니아를 의도적으로 선택하고 카 페리에 승선하려던 북한대사관 소속 밴을 급습하여 밀수품을 적발하였다. 처음에 관련 국가 경찰은 북한 외교관의 불법적 거래 종식을 위해 공동 조치를 하되 될 수 있는 대로 언론 노출은 피하기로 합의했는데 덴마크에서 마약 거래까지 포착되어 신속한 조치를 취하는 과정에서 불가피하게 언론에 노출되었다. 그 후 1996년 또 한차례의 유사한 북한 외교관 밀수사건이 스웨덴에서 적발되어 북한 외교관 다수가 귀국 조치당하였다. 이때 당시 덴마크에 주재하던 태영호 2등서기관(탈북 고위외교관)이 스웨덴 대사관에 업무지원을 나갔다고 태영호는 자신의 저서(3층 서기실의 암호)에서 증언하였다.

1976년 여름 스웨덴, 노르웨이, 덴마크 등 스칸디나비아 주재 북한 외교관들에 의해 발생한 밀수사건은 심각한 외교적 사건이 되었다. 스웨덴 외교부는 북한같이 모든 중요한 결정이 중앙정부에 의해 이루어지는 체제와의 의미 있는 협의는 스웨덴에 나와 있는 북한대사관과는 가능하지 않다고 판단하여 평양 주재 스웨덴 대사관을 통해 의사결정 권한을 가진 북한 외교부와 직접 사건 해결을 위한 협의를 하기로 방침을 정했다. 또한 스웨덴은 덴마크나 노르웨이와 달리 평양에 대사관을 두고 있었기 때문에 북한 당국과의 직접 협의가 가능하였다. 당시 평양에 주재하면서 북한과 협의를 직접 진행한 에릭 코르넬Eric Cornell 스웨덴 대사대리에 의하면 북한은 스웨덴이 덴마크와 노르웨이같이 북한 외교관을 사전 협의도 없이 일방적으로 강제 추방하면 양국 관계에 심각한 결과를 초래할 것임을 경고하였고, 특히 북한 대사가 추방되면 외교 관계의 단절을 의미하는 것으로 받아들여 평양 주재 스웨덴 외교관에게도 유사한 조치가 가해질 것이라고 위협하였다고 한다. 코르넬 대사대리는 북한 외무성 부부장과 평양에서 여러 차례 협의한 끝에 스웨덴 주재 북한 대사와 밀수에 관여한 북한 외교관을 자진 출국 형식으로 스웨덴을 가능한 한 조속히 떠나게 하는 방식으로 사건을 일단락시키자는 데 최종 합의하여 사건을 마무리하였다. 코르넬 대사대리는 북한이 부정적 이미지 노출을 최소화하기를 원한다면 추방 명령이 나오기 전에 관련 직원들을 본국으로 소환(귀국 명령)하고, 대사에 대해서는 본 사건과 관련한 본국 정부와의 협의를 위해 본국으로 일시 귀국하도록 조치하는 것이 최선의 방안이며 외교 관례에도 부합한다고 북한 측을 설득하였고, 거듭되는 설명과 설득 끝에 북한 측이 스웨덴 측 제안을 받아들여 체면 손상을 최소화하는 방법으로 사건이 마무리되었다고 한다. 이러한 스웨덴의 상황 관리 노력은 가능한 북한을 배려하여 북한과의 외교 관계를 계속 유지하고자 한 스웨덴의 의도에 따른 것이었다. 사실 스웨덴이 문제를 연착륙시키는 방식으로 사건을 처리한 배경에는 북한에 대한 배려뿐 아니라 북한으로부터 미수금을 회수하기 위해서는 계속 원만한 관계를 유지해야 한다는 점도 중요한 고려 요소 중 하나였다고 한다. 코르넬은 자신의 저서 North Korea under Communism : Report of an Envoy to Paradise에서 당시 북한 외교부가 얼마나 외부 세계에 관해 무지하고, 외교 관례에 관한 기본적인 지식조차 없었는지 알게 되었다고 술회하였다.

당시 북한 외교관 밀수사건 처리에 관한 비밀 해제된 스웨덴 외교부 내부 보고서에 의하면 스웨덴 정부는 몇 가지 기본 방침을 정하고 이를 기초로 외교 교섭demarche할 것을 현지 공관에 지시하였는데 그 방침의 골자는 첫째, 북한에 체류 중인 스웨덴 외교관과 가족 등 스웨덴 국민의 안전을 최우선으로 고려할 것, 둘째, 북한과의 경제 협력 잠재력과 약 6.2억 크로나의 북한 미수금(부채) 회수 등 경제적 이익을 고려하여 최대한 외교 관계를 지속 유지하도록 할 것, 셋째, 불법 행위에 연루된 스웨덴 주재 북한대사관 직원에 대해서는 반드시 필요한 조치를 한다는 원칙이었다. 즉 스웨덴 정부는 교섭 목표를 북한과 외교 관계를 단절하지 않고 계속 유지하는 가운데 북한을 최대한 압박하여 북한 대사와 불법 행위에 연루된 북한 외교관이 조속히 본국으로 소환되어 강제 추방이 아닌 자진 출국 형식으로 스웨덴을 떠나도록 하여 사건을 연착륙시키는 데 두고 있었다는 것을 의미한다. 이처럼 스웨덴은 북한 외교관 밀수 사건 처리 과정에서 북한의 체면을 살려 주면서 사건을 처리하려고 노력하였다.

북한 외교관은 이 사건 이외에도 스웨덴에서 여러 차례 불법 사건을 저질렀다. 1996년 7월 제2차 밀수사건 적발로 인해 대사 포함 다수 외교관이 추방되었다. 이에 앞서 1992년에는 체코 주재 북한 외교관이 스웨덴 남부 도시 말뫼에서 마약과 위조 여권 소지 혐의로 체포되어 10년 형을 선고받았고, 2009년 11월에는 러시아 주재 북한 외교관 2명이 담배와 양주 밀수 혐의로 스웨덴에서 체포되기도 하였다. 북한은 1990년대 '고난의 행군 시기'에 정부 재정이 악화하여 외교공관에 운영비를 제대로 보내주지 못하여 '자력갱생' 차원에서 스스로 비용을 조달하도록 했기 때문에 해외에서 외교관들의 불법 행위가 빈발한 것으로 해석된다.

스웨덴은 이처럼 북한과의 관계 초기에 양국 관계가 악화할 가능성이 있었던 경제적, 외교적 위기 상황을 잘 관리하여 극복함으로써 결과적으로 북한과 공식 관계를 계속 유지할 수 있었다. 만약 스웨덴이 덴마크나 노르웨이처럼 북한 대사와 외교관을 사전 협의 없이 일방적으로 강제 추방하였다면 북한과의 관계는 아마도 심각한 파국을 맞이했을 가능성이 있다. 에릭 코르넬은 자신의 저서에서 "무엇이 북한이 해외 공관에서 밀수까지 해서 자급자족하도록 하는 조치를 할 수밖에 없는 상황에까지 이르게 만들었고 어떻게 이것이 가능하였는가?"라고 자문하고 아마도 이는 "북한 내부에 존재하는 매우 특별한 '대중 정신public spirit' 때문일 것"이라고 스스로 결론 내린다. 그는 이를 "매우 비정상적인 대중 정신으로서 북한 사람들의 생각과 행동을 지배하고 있는 일종의 '도그마philosophy'"라고 표현한다. 이는 "북한을 다른 나라와 구분 짓게 하는 매우 특징적 요인이며 동시에 북한 사람들의 행동과 사고를 결정짓는 요소들"이라고 규정한다. 즉, "오랜 기간의 고립, 인위적으로 연장된 전시체제, 극단적인 민족주의와 외국인 기피증, 독선주의와 자기 능력에 대한 과대평가, 성과에 대한 과도한 집착, 근시안적 사고, 획일성, 집단적 세뇌와 맹목적이고 엄격한 기율, 내부지향성introversion 등"이 이런 특별한 북한만의 독특한 대중 정신을 만들어냈다고 평가하였다.

## (4) 스웨덴 페르손 총리의 북한 공식 방문

### 1) 방북 성격 및 주요 일정

지난 50여 년의 스웨덴과 북한의 외교 관계에 있어서 양국 관계를 획기적으로 개선한 계기는 2001년 요란 페르손 스웨덴 총리가 북한을 공식 방문한 것이다. 2001년 5월 스웨덴 페르손 총리의 방북은 서방 지도자로서는 첫 번째 공식 방북이라는 점에 특별한 의의가 있었다. 페르손 총리의 북한 방문은 스웨덴과의 관계만이 아니라 북한과 유럽연합과의 관계에서도 역사적인 이정표가 될 만하였다. 그 이유는 페르손 총리는 유럽연합 각료이사회 의장국 대표 자격으로 유럽연합 정상회의의 공식 승인을 거쳐 하비에르 솔라나Javier Solana 유럽연합 공동외교안보 고위 대표와 크리스 패튼Chris Patten 유럽연합 대외관계 담당 집행위원 같은 유럽연합 지도부와 함께 명실공히 유럽연합 대표단 자격으로 방문한 것이었기 때문이다.

**[사진 4] 저자와 만난 요란 페르손 전 스웨덴 총리**

스웨덴과 한반도

페르손 총리 일행은 2001년 5월 2일에서 3일까지 1박 2일 일정으로 북한을 방문하였는데, 북한에서 보낸 총 28시간 중 5시간을 김정일 위원장과 같이함으로써 실질적인 성과를 얻어 내기에 충분한 시간을 확보할 수 있었다. 『로동신문』은 2001년 5월 3일 페르손 총리 일행 방북 주요 일정을 보도하였는데 이 보도에 따르면 방문 첫날인 5월 2일 평양에 도착(김영남 최고인민위원회 상임위원장이 공항 영접)하여 김정일 국방위원장 의례 방문(강석주 외무성 제1부상 배석), 김일성 주석 동상 참배, 김영남 최고 인민회의 상임위원장 의례 방문 및 회담, 기자회견, 김영남 상임위원장 주최 연회 개최 등 일정을 가졌고, 방문 둘째 날인 5월 3일에는 김정일 국방위원장 면담(강석주 외무성 제1부상 등 통역 포함 3명 배석), 유럽동맹(유럽연합) 대표단 주최 김정일 위원장 초청 오찬(북한 주재 일부 유럽 대사 참석)을 마지막으로 모든 일정을 마치고 평양을 출발(김영남 위원장, 백남순 외무상, 리광근 무역상, 최수헌 외무성 부상, 최윤식 평양시인민위원회 부위원장 영송)하는 일정을 가졌다고 한다.

## 2) 관련국 동향

페르손 총리가 방북할 당시 한반도 상황은 2000년 6월 남북정상회담 개최로 한반도에 화해 분위기가 조성되었고, 이어서 개최된 2000년 10월 서울 ASEM 정상회의를 계기로 유럽연합 회원국 정상들의 한반도에 관한 관심이 제고되고 남북한 화해 정책에 대한 지지가 유럽 국가들 사이에 확대돼 가던 시기였다. 북한 백남순 외무상은 서울 ASEM 정상회의에 앞서 2000년 9월 서한을 통해 유럽연합 회원국에 수교를 제의하여 프랑스와 에스토니아를 제외한 대다수 유럽연합 회원국이 북한과 수교한 상태였다. 다만, 유럽연합 집행위와는 미수교 상태였다.

스웨덴은 2001년 상반기 유럽연합 각료이사회 의장국을 수임하면서 과연 어떤 이슈를 성과 사업으로 삼을 것인지에 관해 많은 내부 검토와 토의를 진행한 결과, 외교 분야에서는 한반도 문제를 성과 사업에 포함하는 것이 좋겠다는 결론에 도달하였다. 그 이유는 첫째, 스웨덴이 한반도에 세 개의 공식 대표부(서울·평양 대사관 및 판문점 중감위 대표단)를 보유한 전 세계 유일한 국가라는 점, 둘째, 스웨덴은 북한과 가장 오랜 기간 외교 관계를 유지해 온 서방 국가로서 서방 국가 중 북한에 상주 대사관을 가장 오랜 기간 유지해 온 국가라는 점, 셋째, 페르손 총리로서는 2000년 스웨덴을 방문한 김대중 대통령으로부터 북한을 개혁개방으로 유도하는 데 스웨덴이 역할해 줄 것을 요청받았다는 점, 넷째, 김대중 대통령의 요청뿐 아니라 스웨덴 스스로도 중감위 구성원으로서 한반도의 평화와 안정을 위해 오랜 기간 일정한 몫을 담당하는 등 한반도 안보 상황에 대해 그 어느 유럽 국가보다 지속적인 관심을 가지고 역할을 해 온 국가로서 책임감을 느끼고 있었다는 점 등이 작용하였다고 본다. 스웨덴은 북한과의 각별한 인연과 오랜 기간 유지해 온 인도적 지원 등 관여의 결과로 갖게 된 우호적인 관계를 활용하여 냉전의 잔재가 남아 있는 한반도에서 평화와 화해의 외교를 펼칠 수 있을 것으로 기대하였고, 이는 결국 스웨덴이 추구해 온 국제평화와 협력이라는 큰 틀의 외교 목표에도 부합하는 것으로 판단하였다고 본다. 아울러 6개월이라는 짧은 유럽연합 의장국 수임 기간 중 눈에 띄는 외교 성과를 거두기 어려운 데 한반도 문제에 관해서는 스웨덴이 오랜 관여를 통해 쌓은 경험이 있어서 다른 어느 유럽연합 국가보다 평화조성을 위한 역할을 할 수 있다고 판단하였다고 본다.

한편, 유럽연합의 분위기는 대다수 국가가 페르손 총리의 방북에 대해 찬성하고 지지하는 입장이었지만, 방북 결정에 최종적으로 이르는 과정은 순탄치만은 않았다. 북한과 미수교 상태에 있던 프랑스가 방북을 강력하게 반대하였기 때문이다. 프랑스는 오늘날까지도 유럽연합 회원국 중에서 에스토니아와 함께 북한과 수교하지 않은 2개 국가 중 하나이다. 페르손 총리는 유럽연합 각료이사회 의장국 대표 자격으로 방북하는 것이었기 때문에 유럽연합 회원국 모두로부터의 동의가 필요하였고, 이 때문에 페르손 총리는 자크 시라크Jacques Chirac 당시 프랑스 대통령과 두 차례의 개별 대화까지 해서 설득하여 방북에 대한 최종 동의를 얻어 냈다고 한다.

남북한 상황은 2000년 역사적인 최초 남북정상회담을 통해 한반도에 화해 분위기가 찾아왔고 남북한 협력에 대한 기대감이 충만하였다. 그렇지만 2001년 새로 출범한 미국 부시 행정부가 북한에 대해 부정적 인식과 강경한 태도를 보이고 있었기 때문에 한반도 화해 분위기를 계속 이어가는 것이 그리 녹록지 않은 상황이었다. 부시 행정부가 대북정책을 원점부터 재검토하는 과정에 들어갔고 아직 구체적인 결과가 나오지 않은 상황이었기 때문에 관련 당사국이 조심스럽게 결과를 기다리고 있었으며 북한도 대남 관계를 더는 진전시키지 않고 미국의 동향을 관망하는 태도를 보였다. 다른 한편으로 북한은 미국의 강경정책이 확정되기 이전에 유럽연합과의 우호적인 관계를 맺어 둠으로써 미국의 적대적 정책으로부터 오는 압박을 상쇄하겠다는 계산을 하고 있었고 이런 맥락에서 유럽연합 대표단의 방북을 환영하는 입장이었다.

이와 같은 여러 복잡한 상황 속에서 페르손 총리는 최초의 남북정상회담 이후 한반도에 불었던 대화와 화해의 훈풍이 다시 살아나기를 바라는 기대와 함께 방북을 추진하였다. 스웨덴 언론도 페르손 총리의 방북 목적이 남북관계에 있어서 획기적인 돌파구를 마련하기 위한 것이 아니라 역사적 남북정상회담 개최 이후 조성된 동력이 떨어지지 않게 하고 김대중 정부의 남북대화 및 화해 협력 정책을 더욱 촉진시키는 데 있다고 평가하였다.

### 3) 방북의 의의와 한계

페르손 총리의 북한 방문 의의를 다시 한 번 정리하면 첫째, 스웨덴 총리 자격뿐 아니라 유럽연합 각료이사회 의장국 대표 자격으로 유럽연합 지도부를 대동하고 방북했다는 점에서 단순히 스웨덴-북한 관계만이 아니라 북한의 대유럽연합 관계에도 긴밀히 연계되어 있다는 점이다. 페르손 총리 일행의 방북은 2001년 3월 스톡홀름 유럽연합 정상회의에서 승인되었고, 대표단 구성에 있어서도 유럽연합 지도부가 동행하는 형식을 취했기 때문에 명실상부한 유럽연합 대표단이라고 할 수 있었다. 실제로 이 방북은 미수교 상태였던 유럽연합 집행위의 대북한 공식 관계 수립을 가속하는 촉진제로 작용하였다. 유럽연합 집행위와 북한은 페르손 총리 일행의 방북 후 불과 10여 일 지난 2001년 5월 14일 공식적인 외교 관계를 수립함으로써 유럽연합 대표단의 방북이 수교로 연결되었다. 이로써 북한은 프랑스와 에스토니아 등 2개국을 제외한 나머지 대다수 유럽연합 회원국과의 수교에 이어 유럽연합 집행위와 공식 외교 관계를 맺게 되었고 서방 세계와 본격적인 교류의 폭을 넓힐 기회를 갖게 된 것이다.

둘째, 페르손 총리의 방북은 한반도 평화 정착 노력에 대한 유럽연합의 지지를 직접 북한에 전달하는 기회였고, 김정일 위원장이 제2차 남북정상회담 개최를 위한 서울 답방 의지를 재확인함으로써 김대중 대통령이 추진하는 남북한 화해 협력 정책을 국제적으로 지원하는 의미가 있었다. 유럽연합 대표단은 김정일 위원장과 만나 2000년 6.15 남북정상회담과 역사적인 화해 협력 정책의 중요성을 강조하고 이 정책에 대한 유럽연합의 지지 입장과 이 정책의 지속 필요성을 강조하였다. 이에 대해 김정일 위원장도 6.15 공동선언을 남측과 함께 작성한 만큼 책임지고 이행하겠다는 태도를 분명히 밝혔다고 페르손 총리가 방북 후 이어서 방한한 기간 중 가진 기자회견에서 밝혔다. 당시 상황은 사상 최초의 남북정상회담이 개최되었지만 이후 한반도 화해 협력 과정은 속도가 느리게 진행되고 있었다. 남북 간 상호방문 등 인적 교류가 증가하였고 몇 차례 이산가족 상봉이 이루어지기는 했지만, 북한은 군사 긴장 완화나 인권 문제 같은 민감한 주제에 관해서는 대화하는 것을 주저하고 있었다. 또한 북한은 새로 출범한 미국 부시 행정부가 강경한 태도를 보이고 있는 것을 불만스럽게 생각하고 있었다. 그러므로 페르손 총리 일행의 방북은 김대중 대통령이 추진한 남북 화해 협력 정책을 국제적으로 지원하는 의미를 갖고 있다고 볼 수 있다.

즉 페르손 총리를 단장으로 한 유럽연합 대표단의 방북은 서방 지도자로서는 첫 번째 방북이라는 점에서 북한과 서방 사이에 교류와 관계 개선을 촉진하는 계기가 되었고, 김대중 대통령 주도로 추진되고 있던 남북 화해 정책을 국제적으로 지지하고 힘을 보태는 역할을 했다는 점에서 남북관계 개선과 한반도 긴장 완화에 기여했다고 볼 수 있다. 김 위원장은 서울 답방 및 2차 남북정상회담 개최와 관련하여 구체적인 시기를 언급하지는 않았지만 "지난해 6.15 선언에서 약속한 만큼 언젠가는 서울을 방문하겠다."라고 함으로써 서울 답방 의지를 재확인하였다. 이와관련 페르손 총리는 방북에 이어 한국을 방문해 가진 기자회견에서 "김 위원장은 남북관계가 소강상태에 있고 미국의 대북정책 검토가 끝나지 않았다는 사실을 심각하게 고려하고 있다는 사실을 감안할 때 현재로선 당장 답방하는 것은 생각하지 않고 있는 것으로 보인다."라며 답방 문제에 관해 다소 신중한 자신의 관찰을 김정일 위원장의 답방 의지 확인 사실과 함께 밝혔다. 이와 관련 태영호 의원도 자신의 저서 『3층 서기실의 암호』에서 김정일 위원장의 답방에 관한 속내는 다른 것이었으며, 김정일 위원장은 실제로는 한국 답방 문제에 대해 부정적인 생각을 이미 갖고 있었다고 증언하였다.

셋째, 최고 지도자가 모든 중요한 문제에 대한 최종 결정을 내리는 북한 같은 권력구조 아래에서 김정일 위원장과 대면하여 직접 미사일 시험 발사 유예 같은 안보 문제뿐 아니라 북한의 개혁개방 필요성 및 인권 문제 등 민감한 주제에 관해 의견을 전달하는 기회였다는 의미가 있었다. 북한의 미사일 시험 발사 유예 문제에 관해 페르손 총리는 북한의 유럽연합과의 관계 측면에서뿐 아니라 북미 관계 개선의 핵심 고리라는 점을 김 위원장에게 강조하였고, 김 위원장은 "2003년까지 미사일 시험 발사 유예 선언을 지킬 것이며, 그동안 우리는 (미국의 태도를) 기다리며 지켜보겠다"라고 답했다고 페르손 총리는 전했다. 당시 김 위원장의 이런 발언은 방북한 유럽연합 대표단에 일종의 '선물'을 주는 한편 미국이 대북정책을 검토하는 과정에 영향을 미치려는 전략으로 풀이되었다. 즉 북한이 성의를 보이는 만큼 미국도 이에 상응하는 조치를 취해 달라는 일종의 '유화 제스처'로 평가되었다. 서방 진영에서 비확산 차원에서 가장 부정적으로 여기고 있던 북한의 미사일 시험 발사를 2003년까지 유예하게 함으로써 유예 기간 연장이라는 의미 있는 결과를 도출한 것이었다.

그 외에 페르손 총리는 김 위원장에게 직접 제기하기에 부담스러운 주제인 인권 문제와 북한 경제의 구조적 문제점도 제기하였다. 먼저 북한의 인권 문제를 제기하여, 유럽연합과의 인권 대화 개최에 합의하는 성과를 올렸다. 페르손 총리는 방북 마지막 날 유럽연합 주최 김 위원장 초청 오찬 석상에서 의제에도 없던 이 주제를 불쑥 꺼냈는데 당시 이 오찬에 통역으로 참석했던 태영호는 "페르손 총리는 북한 최고 지도자의 면전에서 인권 문제를 공식적으로 제기한 처음이자 마지막 외국인이다."라고 평가하였다. 또한 "이전까지는 북한 외무성은 인권 문제를 제기할 가능성이 있는 외국인은 아예 방북 초청을 하지 않았고 설령 방북을 허용하는 경우에도 최고 지도자와의 회담이나 면담은 가능하지 않았다"고 하였다. 당시 페르손 총리는 긴 시간 김정일 위원장에게 인권 문제 해결의 중요성을 납득시키려고 노력하였는데, 그는 "핵 문제가 설사 해결된다고 해도 인권 문제가 남아 있는 한 북한은 국제사회에 편입되기 어려울 것이며, 북한이 인권 문제에 관해 국제공동체와 협력하는 것이 장기적인 견지에서 오히려 이득이 될 것"이라고 설득하였고, 김 위원장은 인권 대화에 흔쾌히 응하겠다며 동의하였다고 한다. 그러나 태영호에 의하면 김정일의 의중은 그의 대답과 달랐다고 한다. 김정일은 당시 실제로는 인권 대화에 진지하게 응할 생각은 전혀 없었고, 유럽연합의 인권 문제 관련 예봉을 피하고자 인권대화에 응하는 척하고 실제로는 지연 작전을 펴려는 김정일의 이중 플레이였다고 태영호는 전했다. 페르손 총리는 북한 인권 문제만이 아니라 북한 경제의 취약성을 지적하고 개혁개방의 필요성도 김정일 위원장에게 역설하였는데 이에 대해 김정일 위원장은 문제점을 인정하고 북한 경제 전문가를 유럽에 파견하여 유럽의 시장경제 제도에 관한 경험을 배울 수 있도록 해달라고 페르손 총리에게 요청하였고 페르손 총리는 이에 대해 스웨덴이 비용 부담하여 북한 엘리트층에 대해 교육을 해 주기로 약속하였다고 한다. 김정일 위원장과 나눈 이런 대화는 스웨덴 정부가 북한 학자와 관료 등 북한 엘리트층을 대상으로 역량강화사업을 추진하게 된 계기가 되었다.

넷째, 남한으로서는 2000년 김대중 대통령의 방북과 남북정상회담 이후 전개된 남북 화해 협력 과정에 관해 유럽연합의 지지를 확보하는 의미가 있었다. 페르손 총리도 방북 후 이어진 방한 중 김대중 대통령과 가진 공동기자회견에서 직접 밝힌 바 있듯이 한반도 평화 정착 과정에서 유럽연합이 미국의 역할을 대체하는 것은 아니지만 미국, 일본, 중국, 러시아의 기여와 함께 유럽연합이 김대중 대통령의 노력을 지지하고 지원하는 역할을 한 것이다. CNN은 2000년 12월 김대중 대통령이 스웨덴 방문 시 페르손 총리에게 유럽연합 대표단의 북한 방문을 제안한 바 있다고 스웨덴 총리 공보비서관 안나 헬센Anna Helsen의 말을 인용 보도하였다. 페르손 총리의 방북을 준비한 라르쉬 다니엘손Lars Danielsson 당시 총리실 대외담당 정무차관도 저자와 인터뷰에서 김대중 대통령이 페르손 총리를 만났을 때 방북 문제를 제기하였고 페르손 총리가 방북하기로 최종 결심하게 되었다고 증언하였다. 이처럼 페르손 총리의 북한 방문은 김대중 대통령의 요청이 직접적인 계기가 되었고 페르손 총리가 유럽연합 대표단을 대동하고 방북하여 김정일 위원장에게 직접 한반도 평화와 남북한 화해 협력에 대한 지지 입장을 밝힘으로서 대북 화해협력정책에 대한 유럽연합의 지지를 확보한 것이다.

다섯째, 북한으로서는 유럽연합과의 관계 개선을 통해 네오콘의 영향력이 강한 미국의 부시 신행정부에 대화를 통한 문제 해결의 기회가 열려 있다는 메시지를 전달함으로써 대미 관계 악화를 사전에 차단 또는 완화하는 기회로 활용하려는 의도가 있었다고 본다. 당시 김정일 위원장은 미국의 부시 행정부 출범과 네오콘의

득세에 따른 강경한 대북정책을 경계하면서 사전에 유럽연합과의 관계를 강화할 필요성을 절실하게 느끼고 있었고 페르손 총리 일행의 방북을 이런 목적에 활용하려고 하였다. 또한 북한으로서는 유럽연합으로부터 경제원조, 기술협력 확대, 투자 유치 확대 계기로 활용할 수 있다는 점도 매우 중요한 고려 요소였다.

결론적으로 북한의 미사일 시험 발사 유예 2003년까지 연장, 김정일 위원장의 서울 답방 의지 확인, 유럽연합과 인권 대화 개최 약속 등 페르손 총리 일행의 방북은 다양한 의미 있는 결과를 도출하였다고 평가된다. 특히 소강상태에 있는 남북 사이의 화해 협력 과정을 재개하고 부시 행정부 등장 이후 예측 불가한 북미 관계를 해동시키는 등 밝은 희망을 줄 것으로 기대되었다. 유럽연합 대표단의 방북은 시기적으로 역사적인 남북정상회담이 이루어지고 유럽연합 15개 회원국 중 프랑스와 아일랜드를 제외한 13개 국가가 북한과 수교하는 등 북한의 개방적인 외교가 펼쳐지고 한반도에 화해의 분위기가 큰 물결로 다가온 시점이라는 점에서 북한을 더 개혁개방 쪽으로 유도하기에 가장 적절한 시기에 이루어졌다고 평가된다. 스웨덴으로서도 유럽연합 의장국 자격으로 국제사회에 기여할 수 있는 외교 의제로서 한반도 문제를 선택함으로써 남북정상회담 개최 이후 고조되던 남북 화해와 통일에 관한 국제적 관심을 활용하여 유럽연합이 의미 있는 평화 외교를 하였다는 평가를 받는 데 손색이 없었다. 이는 6개월이라는 짧은 유럽연합 의장국 수임 기간 중 가시적인 외교 성과를 얻기 쉽지 않은 상황에서 만들어 낸 의미 있는 외교 성과물이라고 할 수 있다. 페르손 총리의 방북 성과는 서방 진영 국가 중에서 가장 오랜 기간 북한과 외교 관계를 맺어 온 인연을 적극적이고 효과적으로 활용한 결과로써 스웨덴이 북한과 계속해서 대화와 협력의 관계를 이어 갈 수 있는 단단한 밑 바탕이 되었다.

북한 『로동신문』은 페르손 총리 방북과 관련한 컬럼에서, "유럽 연합 회원국과의 외교 관계 수립과 유럽연합 최고위대표단의 방북 은 전례 없는 일"이라고 평가하고, "기존 관념과 낡은 타성에서 벗 어나 새 시대의 요구와 수준에 맞는 국제관계 발전을 도모해 나가 야 한다."고 주장하였다. 또한 "1월 중순 유럽의회가 한반도 통일 과 정에 기여하고 북한과 외교 관계를 수립할 것을 회원국에 요구하 는 결의를 채택한 이후 15개 회원국 중 13개국이 북한과 수교하였 고, 이러한 움직임은 세계의 다극화 추세를 추동하는 데 이바지할 것"이라고 강조하였다.

유럽연합 대표단의 방북은 많은 성과와 의의에도 불구하고 한계 도 함께 노정하였다. 즉 한반도 평화와 화해를 위한 하나의 디딤돌 의 역할은 할 수 있었을지 몰라도 핵심적 역할에는 미치지 못하였다 는 점이다. 이는 당시 방북에 동행했던 크리스 패튼 유럽연합 집행 위원이 방북 후 서방 언론과 가진 인터뷰에서 "한반도에서 일어나고 있는 변화에 유럽연합이 중심적 역할을 하는 것은 아니다. 결국 이 문제는 한국과 지역 국가의 문제이다."라고 평가한 데에서도 확인되었다. 또한 스웨덴 언론도 방북 결과 분석 기사에서, "페르손 총리, 김정일 위원장, 김대중 대통령 모두 동의하는 한 가지 사실은 미국의 개입 없이는 실질적인 진전은 이루어지지 않을 것이라는 점이다. 어쨌든 남한에 37,000명의 군대를 주둔시키고 있고 이 지역에서 전략적 핵심 역할을 하는 나라는 미국이다."라고 평가하였다. 결국 유럽연합은 스웨덴의 오랜 대북 관여 덕분으로 대표단 방북을 통해 가시적인 외교 성과를 얻어 낼 수 있었지만, 유럽연합의 이런 성과는 북한의 개혁개방과 한반도 평화를 위한 부분적이고 보완적인 역할에 그치며, 결국 한반도 문제에 있어서 미국의 역할이 그 무엇보다 중요하다는 사실을 유럽연합도 인정하고 스웨덴도 인정하고 있었던 것이다.

## 나. 대북한 인도적 지원

### (1) 스웨덴의 대외원조 정책

스웨덴은 1990년대 중반 북한의 '고난의 행군' 시기부터 대북한 인도적 지원을 제공한 이래 오늘날까지 계속하고 있고 전 세계에서 가장 많은 대북한 인도적 지원을 한 나라 중 하나이다. 스웨덴이 어떻게 북한에 대한 대표적인 인도적 지원 제공 국가가 되었는지를 알아보기 위해 먼저 스웨덴의 대외원조 정책에 관해 알아보자.

스웨덴은 1970년대 이후 대외원조를 지속해 온 세계 3대 원조 국가 중 하나이다. 스웨덴의 대외원조는 국내 복지 정책의 연장선 상에서 전개되었다. 복지 정책은 일반적으로 부의 획득을 의미하는 '성장'과 부의 분배를 의미하는 '분배'라는 두 가지 영역으로 구분할 수 있다. 스웨덴 복지의 분배적 측면 중에서 특히 중요한 개념은 연대solidarity와 평등equality인데, 연대는 '인도적 형제애'에 기초한 공동의 책임감을 의미하는 것으로서 부자에게서 가난한 자에게로 자원의 수직적 이동이라는 형태로 나타나고, 평등은 경제·사회·문화적 여건의 불평등을 해소하여 궁극적으로 기회·부·권력의 평등을 달성하려는 것을 의미한다.

스웨덴의 대외원조 정책은 국내 복지 제도의 거울 이미지mirror image로서 국내 복지 정책의 연장선에 있다고 볼 수 있다. 국내 복지 제도의 개념들을 대외적으로 적용해 보면 국제 무역과 투자는 '성장'을, 대외원조는 '분배'를 의미한다고 볼 수 있다. 스웨덴의 대외원조 정책은 1962년 스웨덴 정부가 처음 의회에 공식적으로 제출한 법안에 그 정신이 잘 나타나 있는데, 원조의 근저에는 '빈곤층의 생활 수준을 향상시키기 위한 것'이라는 동기가 있었다. 즉 '절실히 필요로 하는 사람들을 돕는다'라는 인도주의 정신이 이 법안의 필수적인 요소로 자리잡고 있었다는 의미이다. 결국 스웨덴의 대외원조는 인도주의적 동기와 인류애에 기초한 공동의 책임감인 '연대' 의식이 결합하여 개도국에 대한 대외원조로 나타난 것이다.

스웨덴은 그럼 왜 개도국에 대한 대외원조에 이런 강한 신념을 갖고 있는가? 전통적으로 스웨덴의 외교 안보 정책은 동서 양 진영 강대국 세력의 영향력을 상쇄시키는데 주로 초점이 맞춰져 왔고 경제적으로나 문화적으로는 주로 서방 진영 국가들과 교류하였기 때문에 개도국은 상대적으로 스웨덴 무역·투자의 관심 대상이 아니었다. 그러나 외교적 측면에서의 스웨덴의 대개도국 관심은 큰 변화가 있었다. 스웨덴은 2차 대전 후 유엔을 통해 자국의 비동맹 중립정책을 국제사회에 알리는 외교의 장으로 적극적으로 활용하였는데 1960년대 많은 식민지국의 독립으로 유엔의 지형이 바뀌기 시작하였고 신생 독립국들이 유엔의 다수를 차지하게 되면서 이런 새로운 변화가 스웨덴이 제3세계에 관심을 갖게 된 계기가 되었고 스웨덴의 신생 독립국에 대한 정책에 많은 영향을 주었다.

스웨덴은 다른 서구 강대국과 달리 식민지를 경영한 적이 없었기 때문에 신생 독립 국가와 새롭고 긍정적인 관계를 시작할 수 있는 유리한 위치에 있었고 이런 신생 독립국과의 관계는 정치적, 경제적으로 상호 이익이 되는 것으로 인식되었다. 정치적 관점에서는, 이들 국가와의 관계 증진은 강대국의 영향력을 상쇄시킴으로써 스웨덴이 추구하는 비동맹과 국제주의적 연대를 강화할 수 있는 것으로 보였다. 또한 경제적 관점에서 개도국에 대한 원조는 이들 국가의 경제가 성장하도록 도움으로써 궁극적으로 세계 경제의 성장을 촉진하는 것이었다. 즉 스웨덴의 대개도국 원조의 목적에는 개도국의 경제 성장을 촉진하여 미래에 개도국들이 생산적인 교역과 투자에 참여할 수 있을 것이라는 기대가 포함되어 있었다. 스웨덴은 장기적 관점에서 세계의 평화와 안정은 저개발 국가들이 가용한 모든 방법을 통해 국력과 힘을 키우는 데 달려 있다고 인식하였기 때문이다. 스웨덴은 이런 인식에 기초하여 인도주의적 목적과 국제 연대라는 동기에 따라 적극적인 대외원조 정책을 추진하게 된 것이다. 스웨덴은 신생 독립국들의 정치·경제적 성장을 통해 보다 공평한 범세계적 세력 균형의 달성과 세계 경제의 상호 호혜적 성장을 추구하였다. 이런 스웨덴의 정책 방향은 저명한 스웨덴의 경제학자 군나르 뮈르달Gunnar Myrdal과 스웨덴 출신 제2대 유엔 사무총장 다그 함마르셸드Dag Hammarskjöld에 의해 지지를 받았다.

## (2) 스웨덴의 대북한 인도적 지원 제공

스웨덴과 북한은 1973년 수교와 함께 초기에는 예상대로 경제교류와 인적교류가 활발해지면서 협력이 지속해서 확대될 것으로 기대되었다. 그러나 수교 후 얼마 지나지 않아 북한의 무역수지 악화와 외채 급증으로 스웨덴이 수출한 물품 대금 미지급 사태가 발생하고 외채 상환이 중단되면서 무역 거래도 점차 줄어들어 양국 관계에 먹구름이 끼기 시작하였다. 이에 더하여 1976년에는 스웨덴 주재 북한 외교관의 밀수사건까지 터지면서 양국 관계는 활력을 잃은 채 소강 국면으로 들어갔다.

한동안 거리가 멀어졌던 양국 관계는 1990년대 북한에 자연재해와 대기근으로 인해 발생한 심각한 식량난을 계기로 이를 해소하기 위한 스웨덴의 대북 인도적 지원이 시작되면서 다시 회복되기 시작하였다. 북한은 1990년대 중반 자연재해로 인한 식량난을 극복하기 위해 유엔 인도국UNDHA, 세계보건기구WHO, 유엔아동기금 UNICEF 등 여러 국제기구에 지원을 요청하였고, 구호단체의 평양 상주도 허용하였다. 국제기구는 인도적 지원을 실행하기 위해 많은 민간 구호단체를 참여시켰고, 전 세계적으로 약 130개 구호단체가 북한을 돕기 위해 지원에 나섰다. 그중 유엔 세계식량계획WFP의 비중이 가장 컸다. 스웨덴의 북한에 대한 인도적 지원은 1995년부터 시작되었는데 그 후 2020년까지 매년 중단 없이 약 400~500만 불 정도의 지원을 꾸준히 제공하였다. 스웨덴의 대북 인도적 지원은 2011년에는 국가 단위 규모 1위를 할 만큼 적극적으로 진행되었다.

스웨덴에게 인도적 지원은 개발 원조와 다르다. 스웨덴은 공여국 정부의 개발 과제를 촉진하기 위한 목적으로 수원국의 개발 수요를 고려하여 추진하는 개발 원조와 달리 인도적 지원은 수요가 있을 때 정치적 상황과 무관하게 '중립적'이고 '독립적'으로 '인류애'

스웨덴과 한반도

를 바탕으로 지원한다는 원칙을 가지고 있다. 이런 원칙에 입각하여 스웨덴은 유럽의 다른 나라와 달리 북한 핵실험 같은 정치적 상황이 대북 인도적 지원에 영향을 크게 미치지 않은 나라이다. 유럽연합 인도지원청ECHO의 대북 인도적 지원 추이를 보면 2006년 북한의 핵실험 후 지원액이 급감하였고, 그 후 2011년 정점까지 점차 증가하였다가 2012년 다시 급감하여 거의 중단된 상태로 유지되었다. 반면, 스웨덴의 대북 인도적 지원은 북한의 핵실험과 핵 무력 강화 때마다 약간 감소하는 등 다소 등락을 보이긴 하였지만, 평균적으로 약 400~500만 불 수준으로 유지되었다. 또한 스웨덴은 인도주의적 관점에 입각하여 대북 인도적 지원이 대북 제재의 면제 사항으로 유지될 수 있도록 지속적으로 노력하였다. 이런 노력을 기울인 이유는 스웨덴이 인도적 소요가 존재하는 곳이면 어디든지 정치적 상황과 무관하게 공정하고 중립적이고 독립적으로 지원을 시행한다는 원칙을 갖고 있었고 이를 일관되게 지켰기 때문이다.

스웨덴은 스위스와 함께 전 세계에서 북한에 가장 오랜 기간 가장 큰 규모의 인도적 지원을 시행한 국가 중 하나이다. 평양 주재 스웨덴 대사관의 주요 임무 중 하나는 스웨덴의 대북한 인도적 지원 상황을 모니터링하여 지원된 내용물이 실제 지원이 필요한 대상에게 전달되는지를 확인하는 것일 정도로 스웨덴은 순수한 인도적 차원에서 인도주의 지원을 시행한다. 북한에 대한 지원 수요 파악은 "북한 당국이 외교 경로를 통해 지원을 요청해 오고는 있으나, 이보다는 주로 북한에 상주하는 유엔 상주 조사관UN Resident Coordinator이 매년 1/4 분기 중 작성하는 「북한의 인도적 지원 수요와 우선순위DPRK Needs and Priorities」를 기초로 파악한 후 UNICEF 등 여타 국제기구들이 발간하는 자료를 보충적으로 참고하여 대외 원조를 담당하는 관청인 스웨덴 국제개발협력청SIDA이 사업 수요를 독자적으로 결정한다."라고 스웨덴 외교부 인도 지원 담당 부서 관계자는 말한다.

스웨덴은 북한이 비핵화를 위한 가시적 진전을 보이기 전까지 국제사회의 대북 제재가 유지되어야 한다는 입장을 견지하면서도 북한 주민들의 인도적 상황을 개선하기 위한 지원은 계속해 나간다는 방침이다. 이런 방침에 따라 스웨덴은 유엔 안보리가 북한의 핵실험과 미사일 발사에 대한 강력한 유엔 제재를 형성하는 과정에서 대북 인도적 지원이 제재의 예외로 인정받도록 만드는 데 앞장섰다. 스웨덴의 인도적 지원 주무 관청은 국제개발협력청SIDA : The Swedish International Development Cooperation Agency이다. 스웨덴은 정치적 고려를 배제하고 순수하게 인도적 관점에서 지원 규모를 결정하기 위해 외교부가 아닌 국제개발협력청이 독립적으로 지원 규모를 결정하고 있다.

스웨덴의 대북 인도적 지원은 양자 차원의 지원이 아니라 세계식량계획, 식량농업기구, 국제아동기금 등 주로 유엔 기구와 같은 다자 채널을 통해 간접적으로 이루어졌으며, 주로 식량 지원, 농업, 보건 분야를 대상으로 하였다. 스웨덴의 대북 인도적 지원은 2000년 후반까지는 식량 지원 분야에 힘써 왔고, 2012년 현재 중점 사업이 보건 분야로 바뀌었다. 스웨덴 외교부를 통해 저자가 파악한 바에 따르면 스웨덴의 대북한 인도적 지원의 기본 원칙은 ① 정치적 상황과 관계없이 필요한 경우 지원을 제공 ② 전 세계 인도적 지원 수요를 종합적으로 고려하여 매년 12월 각국에 대한 인도적 지원 규모 결정 ③ 대북 인도적 지원 사업은 양자 직접 지원이 아니라 국제기구UNICEF, WFP, FAO 등 및 NGOSave the Children, Concern Worldwide, Handicap International, Swedish Red Cross 등를 통한 간접 지원 방식 유지 등이다. 스웨덴 적십자사는 직원 1명을 북한적십자사와의 협력을 위해 북한에 상주시키고 있다. 인도적 지원 선정 기준은 무력 분쟁, 전염병, 자연재해 등이 발생했을 때 식량, 영양 보충, 임시 주거, 식수, 위생 및 의료 서비스 등 보호와 물자 지원 제공이다.

**[사진 5] 요아킴 베뤼스트룀 주북한 스웨덴 대사 일행과 함께**

## [표 1] 스웨덴의 대북한 인도적 지원 내용(2010~2020)

(단위: 천 스웨덴 크로나)

| Agreement partner name | 2010 | 2011 | 2012 | 2013 | 2014 | 2015 | 2016 | 2017 | 2018 | 2019 | 2020 |
|---|---|---|---|---|---|---|---|---|---|---|---|
| Concern | 2,000 | | | | 4,500 | | | | | | |
| | | 3,500 | 3,500 | 4,500 | 3,669 | 3,000 | | 3,000 | | | |
| | | | | | | | | | 4,358 | 4,000 | 4,000 |
| Food and Agriculture Organisation (FAO) | | | 2,993 | 4,674 | 1,500 | 789 | 812 | | | | |
| | -10 | 1,000 | -1,000 | | | | | | 8,200 | | |
| Handicap International | 3,000 | | 4,050 | | 3,050 | 2,500 | 2,500 | 1,454 | 4,363 | | |
| Myndigaten för samhällsskidd och beredskap (MSB) | 600 | 548 | -95 | -97 | | | | | | | |
| | | | 640 | -125 | -51 | | | | | | |
| PINGST-Fria församlingar i samverkan | 4,500 | 3,400 | -2,091 | | | | | | | | |
| Premiere Urgence Aide Medicale | | 4,000 | 500 | | 4,000 | | 4,000 | | | | |
| Rädda Barnen | | | -25 | | | | | | | | |
| | 4,000 | | 980 | 6,000 | 6,000 | 4,700 | 4,625 | 1,982 | | | |
| | -3,000 | | | | | | | | | | |
| | | 4,000 | 4,000 | | -1,037 | | | | | | |
| Svenska Röda Korset (Swedish Red Cross) | 14,635 | 8,295 | 17,803 | 13,960 | 10,620 | 9,994 | 11,895 | 4,548 | 8,500 | 8,000 | 7,000 + 2,675 |
| Triangle Generation Humanitaire | 4,000 | | 1,999 | | 2,000 | | | | | | |
| UNDP | | | -120 | | | | | | | | |
| UNICEF | 7,000 | 7,000 | 7,000 | -74 | | | | | | | |
| | | | | 11,562 | 6,035 | 6,887 | 5,391 | 4,892 | 8,000 | 10,000 | 10,000 |
| OCHA | | | | | 2,057 | 2,211 | 2,048 | 2,000 | 2,000 | 2,000 | 3,000 |
| WFP | | 10,000 | | | | | | | 11,000 | 20,000 | 10,000 |
| WHO | 4,000 | -768 | -1519 | | | | | | | | |
| Grand Total | 43,722 | 40,974 | 39,614 | 40,475 | 38,601 | 30,081 | 31,271 | 22,234 | 42,062 | 44,000 | 36,675 |

(출처: 스웨덴 국제개발협력청(SIDA: The Swedish International Development Cooperation Agency), 2021년)

스웨덴과 한반도

위의 [표 1]에 나타난 2010~2020 기간 중 스웨덴의 대북한 인도적 지원 내용을 보면 스웨덴의 지원이 다양한 국제기구 또는 NGO를 통한 간접 지원이었다는 점과 지원 추이가 큰 등락 없이 대체로 일정한 수준을 유지하였다는 점을 알 수 있다.

또한 아래 [표 2]에서도 스웨덴의 대북 인도적 지원 추이가 일관성 있고 큰 폭의 등락 없이 지원이 이루어졌다는 점을 확인할 수 있다.

**[표 2] 스웨덴의 대북한 인도적 지원 추이(2010~2020, 그래프)**

(출처: 스웨덴 국제개발협력청(SIDA: The Swedish International Development Cooperation Agency), 2021년)

스웨덴은 인도주의 지향의 전통에 기초하여 정치적 상황과 무관하게 지원 소요가 있는 곳에 인도적 지원을 시행한다는 원칙에 따라 대북한 인도적 지원을 지속해서 실시해 왔고 앞으로도 북한에 대한 인도적 지원은 계속될 것으로 본다. 이런 스웨덴의 비정치적이고 일관된 인도적 지원 입장과 정책은 북한이 스웨덴에 대한 신뢰를 강화하는데 기여하였다고 본다.

스웨덴과 한반도

## 다. 대북한 역량강화사업

### (1) 역량강화사업의 개요

일반적으로 대북한 관여는 인도적 지원, 교역, 전략대화, 인권, 비핵화 등 국가별로 여러 가지 양태로 나타나는데, 스웨덴의 대북한 관여는 인도적 지원과 역량강화사업에 집중되어 나타났다. 특히 적극적인 역량강화사업은 다른 유럽국들의 대북한 관여와 스웨덴의 대북한 관여를 구분 짓는 스웨덴만의 강점이었다. 스웨덴의 역량강화사업은 장기적 관점에서 북한이 정치 및 경제적으로 개혁을 이루어 낼 때를 대비하여 북한 관료와 학자들에게 필요한 역량을 강화하는 차원에서 이루어졌다. 스웨덴이 대북 역량강화사업을 추진하게 된 배경은 1990년대 말 북한이 스웨덴에 시장경제 교육을 요청하였고, 앞서 설명한 바와 같이 2001년 페르손 스웨덴 총리가 북한을 방문했을 때 김정일 국방위원장이 스웨덴 모델에 관심을 보이면서 자본주의 시장경제 제도에 관한 교육 기회를 요청하면서 계기가 마련되었다.


## (2) 역량강화사업의 주요 내용


스웨덴의 대북한 역량강화사업은 주로 스톡홀름 경제대학 같은 대학이나 스톡홀름국제평화연구소SIPRI, 안보개발연구소ISDP 같은 정책연구소 등 비정부 연구기관을 통해 시행되었다.

스톡홀름 경제대학의 프로그램은 2001년 페르손 전 총리가 북한을 방문하였을 때 협력 프로그램 중 하나로 처음 논의하였으며, 그 후 스톡홀름경제대학 연구소 소장이 북한을 방문하여 세부 계획에 관해 협의하였다. 저자가 이 프로그램 실무 책임자와 인터뷰하여 파악한 바에 따르면 이 프로그램은 2003년 시작하였고 그 후 6차례에 걸쳐 진행하였다. 사업의 내용은 베트남에서 2주 동안 집중 교육으로 12~16명의 주로 북한 저명 대학의 교수나 연구원을 대상으로 시행하였다. 이 프로그램의 목적은 자본주의 시장 경제 체제의 운용 원리 교육과 베트남 개혁개방 사례 교육, 현장 방문 등이며, 동시에 북한의 중견 교육자들에 대한 외국 문물 현장 학습이라고 한다. 이 사업은 북한 학자들에게 물고기를 주는 것보다는 물고기 잡는 법을 가르쳐 주는 것을 목적으로 삼았다고 하며, 주로 김일성 종합대학과 인민 경제대학의 교수나 연구원, 일부 무역성 관리들이 참여하였다고 한다. 또한, 북한에 돌아가서 받은 교육 내용이 더 확산 전파되는 것을 목적으로 하였으며, 젊은 연구원들의 참여를 독려하기 위해 고참 교수와 페어링 방식으로 진행한 적도 있다고 한다. 이 사업은 2001년 페르손 총리 방북 시 처음 논의되었고, 북한 측 참여자들의 반응은 해가 갈수록 열의도 높아지고 반응도 매우 적극적 참여 분위기로 전환되었다. 첫 프로그램 참여자들이 경직되고 질문도 제대로 하지 못하는 등 자본주의 제도에 대한 이해 부족으로 인한 문제도 있었지만, 횟수가 거듭될수록 훈련 효과가 크게 나타나는 현상을 확인하였다고 사업 주관자는 증언한다. 또한 나중에는 북한 측에서 구체적으로 특정한 일정을 포함해 달라는 요청도 많아졌고 더 구체적이고 정확한 내용에 관한 질문이 많아지는 등 관심도가 높아졌다고 한다. 북한은 처음에 베트남보다는 선진국인 스웨덴을 교육 장소로 선호한다면서 스웨덴으로 교육 장소를 옮겨 달라고 요청하기도 하였으나, 스톡홀름 경제대학은 실제로 개혁개방을 성공적으로 이룩한 사례의 현장에서 시행하는 것이 더 교육 효과가 있다고 판단하여 북한 측을 설득하여 베트남에서 실시하게 되었다고 한다. 이 프로그램의 재정적 후원은 스웨덴 외교부로부터 받고 있다.

스톡홀름국제평화연구소SIPRI는 북한 학자를 방문연구원visiting fellow으로 초청하여 2주간 연구를 진행하도록 하는 역량강화사업을 진행하였다. 군축 주제 다자 회의를 2016~2019까지 진행(연 1회)하여 방문 북한 학자를 참여시켰고, 1회에 2명씩, 주로 매일 연구소에 출근하여 연구한 후 일과를 마치면 숙소로 복귀하는 형식으로 운영하였다. 그 외에 브뤼셀에서 개최된 다자 회의 참석을 주선한 바도 있었으며, 사업에 필요한 재정 지원은 스웨덴 외교부로부터 받았다고 한다.

안보개발연구소ISDP의 사업은 2017년부터 스웨덴 외교부 후원 아래 북한 관료와 학자 1~2명을 1개월 기간으로 연구소에 파견받아 종료 시 보고서를 제출하는 방식으로 운영하였다고 한다. 파견 기간 중 연구소 연구진과의 토론과 논의에도 참여토록 하였다. ISDP 프로그램은 Inter-Korean Scholar Exchange Program 과 Multilateral Experts Meeting 두 가지로 운영되었는데 Inter-Korean Scholar Exchange Program은 2009~2019 운영하였고, 1

회에 1~2명을 초청하여 1개월간 객원 연구원으로 근무하면서 토론에 참여하는 형식이었으며, 가급적 남북한 학자를 동시에 초청하였다고 한다. 북한은 주로 조선유럽협회(북한 외무성 유럽국의 별칭) 소속 연구원이 참가하였고 양성평등 주제에는 조선여성연맹 관계자가 참가하는 등 주제에 따라 참가자를 다양화하였고, 한국에서는 주로 통일연구원, 한국여성정책연구원 소속 연구원이 참가하였다고 한다. 지금까지 북한 학자 총 28명이 참가하였다. Multilateral Experts Meeting은 2007~2019년간 총 24회 개최하였고, 주제는 주로 핵, 군축 등 안보 분야로써 북한(주로 군축평화연구소 연구원), 한국, 미국, 중국이 참가하였으며, 때에 따라 일본과 러시아도 참가하였다고 한다. 2019년에는 헬싱키에서 핀란드의 국제분쟁 중재 비정부기관인 CMI[Crisis Management Initiative]와 공동 주최한 사례도 있다.

스웨덴 산업국제위원회NIR는 비영리단체로서 회원들의 기여금으로 운영하며, 전 세계를 대상으로 하는 프로그램을 운영하였는데 프로그램의 목적은 특정 국가나 지역의 경제적 및 사회적 안정을 증진하는 데 기여함으로써 스웨덴 기업이 그 국가 및 지역에서 사업을 활성화하기 위한 여건을 조성하는데 두고 있다.

2015년부터는 북한에 대한 교육훈련 프로그램을 운영해 왔으며 주요 목적은 시장경제, 미시경제, 지속 가능한 경영과 국제 교역에 관한 지식을 교육하는 데 두고 있다. 스웨덴 언론은 2012년 10

월 5일 북한의 기업 및 무역사절단이 스웨덴 경제에 대해 배우기 위해 스웨덴을 방문했다고 보도하였다. 북한 방문단은 스웨덴 산업국제위원회NIR 초청으로 방문이 주선되었으며, 약 25명으로 구성되었고 2주간 스웨덴의 기업, 은행, 국영 기관들을 방문하였다고 한다. 이 프로그램은 스웨덴 외교부의 승인 아래 이루어지고 있다.

스웨덴 언론은 2009년 9월에 국립국토정보기관Lantmäteriet이 운영하는 프로그램에 북한 훈련생이 처음으로 참가하였다고 보도하였다. 이 보도에 의하면 15개국으로부터 30명의 인원이 훈련을 받았는데 북한에서 2명이 참가하였으며, 주로 부동산 등록 및 데이터베이스 관련 정보 교육을 중심으로 1개월간 시행하였다고 한다. 부동산 대여 형식부터 토지 경계획정 그리고 지리정보체계GIS 등 스웨덴 국토정보기관의 임무와 기능에 관한 내용이었다고 한다.

스웨덴의 대북한 역량강화사업의 내용을 요약하면 다음 [표 3]과 같다.

[표 3] 스웨덴의 대북한 역량강화사업 요약

| 주관 기관 | 내용 및 주요 경과 | 참고사항 |
|---|---|---|
| 스톡홀름 경제대학 | 2003년 시작, 6회 진행, 12~16명의 주로 경제 분야 대학교수 대상, 베트남에서 2주 자본주의 시장 경제체제 운용 원리 집중 교육 및 개혁개방 현장 견학 | 2001년 요란 페르손 총리 방북 때 처음 논의, 스웨덴 외교부 재정 지원 |
| 스톡홀름국제평화군축연구소(SI-PRI) | 2016~2019년 동안 진행(연 1회), 북한 학자를 방문연구자 신분으로 1회 2명 2주간 초청 | 스웨덴 외교부 재정 지원 |
| 안보개발연구소 (ISDP) | 북한 관료나 학자 2~4명 초청, 1개월, 공동 연구 및 토론회 참여 | 스웨덴 외교부의 ISDP 일반지원금에 포함 지원 |
| 산업국제위원회 (NIR) | 시장경제, 미시경제, 지속 가능한 경영과 국제 교역에 관한 지식 교육, 2015년부터 북한 프로그램 진행, 전 세계 대상, 해당 지역 스웨덴 기업 진출 지원 목적 | 스웨덴 외교부 승인 |
| 국립국토정보기관 | 2009년 15개국 200명 참가 프로그램에 북한 2명 참가, 1개월, 부동산 등록 및 데이터베이스 관련 정보 교육 중심 | |

## (3) 역량강화사업의 효과

안드레이 란코프Andrei Lankov 러시아 출신 국민대 교수는 대북한 역량강화사업의 기대효과로 "① 북한 엘리트의 세계관에 변화를 초래하는 효과 ② 소위 '불온 정보'를 확산하는 효과(북한 상류 계층에 가장 흡수력이 강한 방법) ③ 북한 귀환 이후 향후 북한 체제 변화에 영향력을 미칠 수 있는 계층을 대상으로 자신들의 경험과 소감을 조용히 주변에 전파하는 효과 ④ 향후 북한의 체제 전환 시기가 도래할 때 필요한 지식과 정보를 제공하는 효과 등"이 있다고 자신의 저서『The Real North Korea: Life and Politics in the Failed Stalinist Utopia』에서 말한다. 즉 역량강화사업은 사업에 참여한 북한 사회 지도층 인사들이 북한으로 돌아가서 북한 체제 변화에 영향력을 미칠 수 있는 계층을 대상으로 자신들의 경험과 소감을 조용하게 전파함으로써 북한 엘리트 계층의 세계관에 변화를 줄 수 있기 때문에 북한 사회 상류 계층에 가장 흡수력이 강한 방법이라는 것이다. 또한 향후 북한의 체제 전환 시기가 도래할 때 필요한 지식과 정보를 제공하는 효과도 있다는 것이다. 란코프 교수는 "역량강화사업은 인적 교류를 수반하기 때문에 북한과 적대적이지 않고 우호적인 국가가 수행하는 것이 효과적이다. 왜냐하면 북한이 미국이나 한국같이 적대적인 국가에 북한의 관료나 학자 같은 지도층 지식인을 보내지 않으려 할 것이기 때문이다."라고 한다. 이는 왜 2001년 김정일 국방위원장이 스웨덴 총리인 요란 페르손을 만났을 때 스웨덴 같은 중립적인 국가에 역량강화사업을 요청한 것인지 이해할 수 있는 대목이다.

결론적으로 스웨덴은 다양한 분야에서 다양한 형태로 대북한 역량강화사업을 시행하였으며, 이 사업은 북한 참가자들로부터 좋은 반응을 얻고 있다. 이 사업을 통해 스웨덴은 북한 엘리트층을 대상으로 시장경제 체제 운용 원리에 관한 지식을 전달하고 동시에 북한 엘리트층의 국제사회에 관한 이해를 높임으로써 북한이 개혁개방에 대비한 준비를 하고 서방 세계와 제도에 관한 이해를 북한 저변에 확대하는 데 기여하고 있다. 또한 스웨덴은 대북한 역량강화사업을 통해 북한과의 관계를 더 깊게 함으로써 북한에 관여할 수 있는 분위기를 조성하였고 궁극적으로 스웨덴에 대한 북한의 우호적 인식과 신뢰를 얻을 수 있었다고 본다. 그러나 아쉽게도 대북한 역량강화사업은 2019년 코로나 감염병 유행으로 북한이 국경을 봉쇄한 이후 중단되었다.

# 라. 스웨덴의 대북한 규범적 관여 외교성과

　한 국가가 국제정치 행위자로서 보편적 타당성을 인정받는 가치를 수호하고 확산하는 것을 외교정책의 목표로 상정하고, 목표 달성의 수단이 목표가 상정하고 있는 가치에 어긋나지 않는 경우, 그 외교정책의 주체를 '규범 세력Normative Power'이라고 정의한다. 즉 한 국가의 외교정책 정체성을 외교정책의 목표와 수단의 성격에 따라 구분할 때 '규범 세력'은 외교정책 목표로 보편적 규범을, 수단으로는 비군사적 수단을 사용하는 외교정책 주체라고 할 수 있고, 반대로 목표를 국가 이익을 중심으로 삼고 수단을 군사력 중심 수단으로 사용하는 외교정책의 주체를 패권적 세력이라고 정의할 수 있다. '규범적 관여 외교'는 규범 세력이 펼치는 관여 외교를 의미한다. 이런 맥락에서 볼 때 스웨덴은 민주주의, 법의 지배, 인권 향상 등 인류 보편적 가치 실현을 중요한 외교정책 목표로 삼고 정책 목표의 실현을 위해 경제적 도구, 외교적 협력, 다자주의적 국제기구 활용 등 가치 중심적 외교를 추진한다는 점에서 대표적인 규범 세력이라 할 수 있다. 또한 스웨덴이 규범 세력으로서 펼치는 관여 외교를 '규범적 관여 외교'라고 말할 수 있다.

스웨덴은 서방에서 가장 먼저 북한을 공식적으로 승인한 국가이다. 양국은 1973년 수교 이후 지난 반세기 동안 공식 관계를 유지해 왔고, 각각의 수도에 대사관을 설치하여 공식 관계를 이어 왔다. 스웨덴은 전통적으로 중립 노선과 가치에 기반한 규범 외교를 유지해 왔고 자유 진영뿐 아니라 공산 진영 소속 국가 모두에 대해 교류하였으며 공산 진영에 속한 북한과도 적극적으로 교류하였다. 북한과의 수교도 중립 노선의 맥락에서 해석할 수 있다. 스웨덴은 북유럽의 작은 국가로서 강대국의 권력 정치에 대응하여 인류 보편적 가치라는 연성권력을 외교의 무기로 사용하여 약소국의 이익을 대변하였다. 스웨덴의 규범 외교는 정치적으로는 국제무대에서 약소국의 대변자로서 기능하였고, 경제적으로는 인도적 지원이나 개발 원조를 통해 약소국이 성장하도록 지원하며, 분쟁지역의 평화 회복을 위한 국제 평화유지활동에 적극적으로 가담하는 형태로 나타났다.

북한은 1970년대 당시 성공적인 전후 복구에 이어 과감한 경제 개발계획을 추진하였고 이에 필요한 자본과 기술을 스웨덴 같은 선진 중립국에서 도입하기를 원하고 있었다. 1970년대 탈냉전의 기운이 강해지면서 북한은 대외적으로 혼란스러운 상황에 직면하였지만, 한편으로는 중국과 소련의 지원에서 어느 정도 벗어나 스스로 자립하는 기회가 되기도 하였다. 김일성은 이런 연장선상에서 대남 관계에서도 '7.4 공동성명'을 통해 자신감을 보였다. 1973년 스웨덴-북한 수교와 함께 초기에 두 나라 사이에 활발한 경제교류가 진행되었고 인적 교류도 점증하였다. 북한은 냉전 시기 미국을 중심으로 한 자유 진영과 대결적 구도에서만 지내오다가 중립국으로서 선진 문물을 보유한 스웨덴과 문호가 트이면서 새로운 세계가 열리게 되자 마치 전 세계를 얻은 것처럼 반겼고 큰 외교적 성과이며 그동안 견지해 온 반제국주의 노선의 승리라며 자신감을 드러냈다.

그러나 세계 경제는 북한에 행운을 가져다주지 않았다. 세계적인 석유 파동으로 인해 북한의 수출품 가격은 하락하고 수입품 가격은 상승하면서 심각한 무역적자를 보게 되었고 스웨덴에서 구입한 막대한 양의 기술과 장비 대금을 상환할 수 없어 대규모 부채를 안게 되었다. 또한 어려운 재정 형편 때문에 해외 주재 대사관들은

스웨덴과 한반도

자구책 모색 차원에서 운영 경비를 자체 조달해야 했고 스웨덴 주재 북한 외교관은 외교관 면책특권에 의지하여 값싼 술과 담배를 이웃 나라에서 밀수하여 들여와 판매하여 얻은 차익으로 겨우 버텨나가는 생활을 하였다. 북한 외교관의 불법 행위는 스웨덴 당국의 조사로 발각되었고 대사를 포함한 관련 외교관들의 자진 출국 형식의 축출로 이어졌고, 양국 외교 관계에 큰 주름이 가게 했다. 부채 문제와 외교관 밀수사건은 양국 관계를 약화시켜 교류가 대폭 줄어들었다. 그러나 스웨덴은 두 사건 처리 과정에서 북한이 체면을 손상하지 않도록 최대한 배려하였고, 북한도 스웨덴의 노력을 인정하였다.

그 후 양국 관계는 특별한 진전이나 발전 없이 소강상태로 명맥만 유지되다가 1990년대 중반 북한의 기아 극복 지원을 위한 스웨덴의 대대적인 인도주의 지원으로 다시 회복되기 시작하였다. 스웨덴은 순수한 인도주의에 입각한 지원을 통해 대북한 관여를 계속하였으며, 정치적 상황과 무관하게 지원한다는 스웨덴의 일관된 원칙에 따라 지속된 대북한 인도적 지원은 양국 관계에 신뢰를 쌓게 하였고 신뢰에 기초한 관계 발전에 밑거름이 되었다. 북한의 핵실험 같은 정치적 상황이 발생했을 때 대북한 인도적 지원 규모를 대폭 줄인 여타 대북한 지원 유럽 국가와 달리 스웨덴의 순수한 인도주의 차원의 대북한 지원은 대체로 비슷한 수준으로 유지되어 2011년에는 단일 국가 규모 기준으로 가장 많은 지원을 한 나라가 되기도 하였다.

양국 관계에 획기적인 개선이 이루어진 계기는 2001년 스웨덴 요란 페르손 총리가 유럽연합 각료이사회 의장국 대표 자격으로 유럽연합 지도부와 함께 북한을 공식 방문하면서 만들어졌다. 페르손 총리의 방북은 서방 진영 지도자로서 최초의 북한 방문이며 스웨덴-북한 관계 발전뿐 아니라 유럽연합-북한 관계 발전에도 많은 진전을 가져왔다. 페르손 총리의 방북은 북한이 미사일 시험 발사 유예를 연장하게 하는 안보적 측면의 성과만이 아니라 김정일 위원장의 서울 답방 의지 확인, 유럽연합-북한 인권 대화 개최 합의, 북한의 경제 개방에 대비한 북한 관리와 학자 대상 역량강화사업 합의 등 많은 실질적 성과를 거두었다. 페르손 총리 일행은 북한 방문 직후 남한을 방문하여 김정일 위원장과의 회담 결과를 김대중 대통령에게 설명하고 공동기자회견을 개최하여 한국의 대북 화해협력 정책에 대한 유럽연합 차원의 지지와 지원을 표명하였다. 페르손 총리는 자신의 고위급 참모를 곧바로 워싱턴으로 보내 미국 정부에도 북한 방문 결과를 상세히 브리핑하도록 하여 공유하였다.

페르손 총리 일행의 남북한 동시 방문은 한반도의 평화와 남북한 화해를 위한 스웨덴의 외교적 노력이었고 동시에 스웨덴의 대북한 관여의 촉진제 역할을 하였다. 스웨덴은 6개월이라는 짧은 유럽연합 의장국 수임 기간 중 가장 중요한 국제 안보 현안으로 한반도 문제를 선택하였고 성공적으로 임무를 완수하였다. 이는 스웨덴이 오랜 기간 북한에 관여하면서 얻은 북한에 대한 이해와 인적 네트워크를 기초로 이룩한 성과로서 스웨덴의 대북한 규범적 관여 외교에 대한 자신감의 발로라고 할 수 있다. 페르손 총리가 유럽연합 지도부와 동행하여 방북하였지만 방북 계획은 의장국 스웨덴의 주도로 선택된 것이며 방북 결과도 만족할 만한 것이었다는 점에서 스웨덴의 성과물이라고 할 수 있다. 페르손 총리 일행의 방북은 북한이 이전까지는 주로 공산 진영 국가와만 교류해 왔다는 점에서 자유세계로 유도하는 일종의 초청장과도 같은 것이었다고 볼 수 있다. 아울러 방북 결과도 풍성하였다는 점에서 형식면에서나 실질적인 내용면에서 모두 만족할 만한 것이었다. 스웨덴의 진정성 있는 대북한 규범적 관여 외교는 스웨덴이 북미 대화를 중간에서 중개하는 평화 중개외교의 원천이 된 북한의 신뢰를 얻는 데 중요한 밑거름이 되었다.

# 4장

# 스웨덴의 대북한 평화 중개외교

## 7가. 대미국 안보협력의 중요성과 미국 이익대표부

### (1) 스웨덴의 국제분쟁 조정 및 평화조성 전통과 북한

스웨덴은 전통적으로 국제분쟁 중재를 통한 평화조성의 다양한 경험과 역사를 가진 나라이다. 국제적으로 평화로운 환경을 만들어 나가는 것이 스웨덴 같은 약소국가가 안전을 지키는 데 유리하다는 판단에 기초한다. 스웨덴은 전통적으로 국제분쟁 중재mediation for the conflicts resolution와 국제 평화조성international peacebuilding에 선도적인 역할을 해 온 국가이다. 국제분쟁의 중재는 분쟁 당사국들이 가로막힌 장벽을 넘어 상호 이견을 해소함으로써 공유하는 이해를 증진시키고 분쟁의 해결을 도모하도록 도와주는 것을 의미한다. 스웨덴이 국제분쟁의 해결을 통해 국제평화를 조성하는 임무를 우선순위 외교정책으로 삼아 온 이유는 다음과 같다. 첫째, 국제 여론 형성에 적극적으로 참여하고 국제분쟁에 분명한 비판적 입장을 개진함으로써 국제법이 국제질서의 기초가 되는 세계를 만드는 데 기여하고자 하는 의도에서 비롯되었다. 국제법이 기초가 되는 국제질서는 개별 국가의 국력의 강약에 따라 차별 대우를 받지 않고 개별 국가의 힘과 무관하게 모든 국제사회 구성 국가가 동등한 권리를 갖고 차별 없는 처우를 적용받는 질서를 의미하므로 스웨덴 같은 약소국의 이익에 부합한다고 보기 때문이다. 즉 국제분쟁의 평화로운 해결을 통해 얻게 되는 평화로운 국제 환경이 스웨덴 같은 약소국의 안전에 도움이 된다는 안보상의 이익이 있다고 보기 때문이다. 스웨덴이 국제분쟁 조정에 적극적으로 참여하고 국제분쟁의 평화적 해결에 기여하려는 두 번째 이유는 국제분쟁 조정과 평화조성을 통해 국제분쟁 중재자로서의 국제적 명성과 위상이 높아지고 국격이 높아진다는 이익을 얻을 수 있기 때문이다. 이러한 이성적인 이유에 기초하여 스웨덴이 지난 수십 년간 지속적으로 추진한 국제 평화 외교의 결과로 스웨덴은 국제분쟁의 조정자 또는 중재자로서의 명성을 얻게 되었고 '국제평화 조성의 챔피언'이라는 별칭을 얻을 수 있게 되었다.

스웨덴의 평화 외교는 단순히 외교정책과 대외적인 공약 수준에 그치는 것이 아니라 실행에서도 다른 나라들의 모델이 되었다. 스웨덴은 1999년 '폭력적 분쟁 예방을 위한 행동계획Action Plan for Preventing Violent Conflict'이라는 정부 차원의 실행 계획을 채택하였고 이를 위한 예산도 확보하였다. 그 후 2017년에는 이전에 채택한 '인간안보를 위한 글로벌 행동 전략 2014~2017'을 대체하는, 보다 강력한 '지속 가능한 평화를 위한 새로운 전략 2017~2022'를 내놓았다. 새로운 전략은 무장 충돌 예방, 효과적인 분쟁 해결, 지속 가능한 평화조성과 국가형성, 분쟁 피해 취약 국가의 인간안보 증진에 중점을 두고 있다.

노르딕 지역 국가들은 국제평화와 안보에 대한 기여로 정평이 나 있다. 노르딕 국가들의 국제평화와 안보에 대한 기여는 평화로운 분쟁 해결, 높은 수준의 개발 원조, 지속적인 국제사회의 강화를 강조하는 것으로 구성된다. 노르딕 지역 국가들의 가장 눈에 띄는 공통점은 평화공존과 사회적 합의에 기초한 복지국가 건설이라고 할 수 있는데, 이는 당면한 도전 과제를 한 국가의 책임으로 인식하지 않고 구성원 모두의 공동의 책임이라고 인식하는 공동체 의식에서 비롯된다. 즉 공동체 의식의 국내적 표현이 복지국가의 건설이고 대외적인 표현이 평화공존이다. 노르딕 국가들이 평화공존을 이룰 수 있는 이유는 평화 조성을 위해 모든 구성원이 공동의 책임감을 갖고 지역의 평화를 조성하고 유지하기 위해 노력해야 한다는 인식을 갖고 있기 때문이다. 같은 맥락에서 복지국가의 건설도 모든 사회 구성원이 동등한 복리를 누릴 권리를 갖고 있고 모든 구성원이 공동 복리에 대한 책임을 공유한다고 믿기 때문에 가능한 것이다. 이런 인식이 대외적으로 연장될 때 국제평화와 안보에 대한 기여로 이어지는 것이다. 왜냐하면 국제사회 모든 구성 국가들이 차별 없이 동등한 권리를 갖고 공동의 복리를 누릴 수 있도록 만들기 위해서는 먼저 분쟁을 평화적으로 해결하고 부자 국가가 적극적인 대외원조를 통해 빈곤 국가를 지원해야 복리를 공동으로 누릴 수 있기 때문이다.

중립이란 무력 충돌에 개입하지 않는 노선을 의미하며, 비동맹은 냉전적 대결 속에서 동서 양 진영 중 어느 한 진영에 편입하기를 거부한 국가들이 군사적 대결구조를 변경하려고 했던 전략이다. 따라서 중립이 생존전략이라면 비동맹은 외교·안보 전략에 해당한다.

'중립국'은 크게 두 가지 유형으로 나뉜다. 국제조약을 통해 승인을 받은 영세중립국이 있고, 이들과 달리 일방적으로 중립을 선언하였지만, 중립에 관한 국제규약을 성실히 수행하면서 점차 국제적인 공신력을 얻는 '자기 선언적self-proclaimed' 또는 '자기 유지적self-maintained' 중립국이 있다. 스위스와 오스트리아가 전자에 해당하고, 스웨덴이 후자에 해당한다. 강대국들은 중립국이 혹시라도 반대 진영의 이익에 유리한 행동을 하지 않을까 하는 의심을 항상 품게 마련이고 홀로 외롭게 서 있는 중립국들은 자기 행동의 정당성을 설명하고 입증해야만 하는 위치에 자주 내몰리게 되는 것이 일반적인 현상이다. 스웨덴 같은 '자기 선언적' 중립국에는 이런 현상이 더욱 심하게 나타난다. 즉 중립국은 타국의 신뢰confidence를 얻는 일을 끊임없이 해야 하고, 자신의 진심innocence을 고백하는 일이 일상화된다는 것을 의미한다. 따라서 스웨덴 같은 '자기 선언적' 중립국에는 전시 중립 유지에 대한 '의지'와 '능력', 그리고 이에 대한 강대국의 '신뢰' 문제가 중요해진다. 스웨덴은 전시 중립 유지 '의지'의 문제는 평시 비동맹 입장을 대외적으로 천명하고 국제사회에 확인시켜 해결하려 노력하였다. 스웨덴의 중립 노선은 '전시 중립을 위한 평시 비동맹'으로 대표된다. 전시 중립 의무를 유지하겠다는 의지는 평시 어느 국가와도 군사동맹을 맺지 않고 어느 군사동맹에도 가담하지 않는 것이 가장 확실하게 보여주는 방법이다. 중립 유지 '능력'의 문제는 총력방위 개념에 입각한 무장 중립으로 해결하려고 하였다. 총력방위란 신뢰할 만한 군사력뿐 아니라 민방위, 경제방위 및 군사물자의 자급자족을 포함하는 개념이다. 스웨덴이 다른 인근 국가의 국방력을 압도하는 수준의 국방력을 가지게 되면 오히려 주변국의 우려와 경계를 초래할 수 있어 중립 유지에 도움이 되지 않을 것이고, 너무 약한 국방력을 가지게 되면 스웨덴의 중립 유지 의지가 유사시 쉽게 무시될 수 있으므로 적절한 수준의 국방력 유지가 중요하였다. 그럼 여기서 의미하는 '적절한 수준'이란 어느 정도를 의미하는가? '적절한 수준'은 타국의 침략을 받았을 때 침략국에 막대한 손실을 주어 침략으로 얻을 이익보다 침략으로 인해 입게 될 손해를 더 크게 만들 수 있는 정도를 의미한다. 이런 맥락에서 스웨덴은 평시 크지 않은 규모의 군사력을 유지하되 유사시에는 국민 전체와 사회 모든 조직이 참여하는 동원체제를 갖추어 대응하였다. 이는 유사시 필요한 병력을 조달할 수 있을 뿐 아니라 저항의 기간도 오래 유지하여 침략국의 손실을 크게 만드는데 효과적인 전략이었다. 즉 무장 중립은 군사력뿐 아니라 민방위, 경제방위, 군사물자의 자급자족을 포함하는 총력방위 체제를 의미하였다. '신뢰'의 문제는 선택된 노선이 엄격하고 일관되게 추진되어야 한다는 것을 의미한다. 즉 스웨덴이 취하는 입장에 의문의 여지를 남기는 것은 위험하므로 한쪽 진영에 근거 없는 희망을 갖게 하거나 근거 없는 공포를 갖게 하는 것을 피해야 한다는 것이다. 따라서 스웨덴의 중립 정책은 다른 나라의 오해를 차단하고 불식하기 위해 일관성 있고 분명해야 한다는 것이 기본 원칙이었다.

스웨덴의 중립은 국제조약이나 협약으로 보장받은 형태의 중립이 아니라 '자기 선언적' 중립이기 때문에 다른 나라들의 스웨덴에 대한 인식은 더욱 중요한 것이다. 동서 대립 속에서 제3의 중간 위치를 지킨다는 것은 양쪽 모두로부터 멀리함으로써 가치와 가치 사이에 존재하는 정치적 충돌에서 벗어나 불편부당함을 약속할 수 있거나, 최소한 그렇게 대외적으로 비쳐져야 한다는 것을 의미한다. 바로 이 점이 국제분쟁을 중재할 수 있는 기초를 제공하는 것이다. 스웨덴은 역사적으로 오랜 기간 국제사회를 위해 평화협상을 성공적으로 중재한 경험이 있고, 핵 비확산 국제규범을 준수하는 데 적극적이었으며 이런 맥락에서 북한 비핵화에 지대한 관심을 가진 국가이다. 스웨덴은 규범에 기반한 국제질서를 지지하며, 평화와 협력의 정체성을 확산시키는데 앞장서는 규범 세력의 역할을 적극적으로 수행하였다. 스웨덴은 유럽 국가 중에서 가장 적극적으로 신뢰와 협력을 바탕으로 한 대북한 관여 정책을 시행해 온 국가이고 인도주의적 가치에 기반하여 대북한 인도적 지원에도 적극성과 지속성을 가지고 임해 온 국가이다. 이와 함께 스웨덴은 북한 핵 문제 해결을 위한 협상 과정에서 적극적인 협상 중개 역할을 모색하였다. 스웨덴은 핵 비확산 국제규범 준수에 대해서 단호한 원칙을 견지하지만, 북한의 핵 문제를 제재만으로 해결할 수 있다고 보지 않으며 대화를 통해 평화적으로 해결해야 한다는 입장이다. 이런 견지에서 스웨덴은 평화증진과 대화를 통한 북한 핵 문제 해결을 위해 북한과 국제사회 사이에서 대화 분위기를 조성하는 조력자로서 관여하였다. 스웨덴은 북한으로부터 신뢰받는 협력 국가로 인식되었고 이를 기초로 북한 핵 문제의 평화적 해결과 한반도 평화 정착 및 남북한 화해를 위해 앞장서서 평화 중개외교를 한 것이다.

스웨덴의 대북한 관여 정책은 인도적 지원과 역량강화사업의 '규범적 관여 외교'와 한반도에서의 분쟁 해결과 평화 정착을 위한

'평화 중개외교'라는 두 개의 큰 줄기로 나타났다. 스웨덴의 대북한 평화 중개외교는 기본적으로는 스웨덴의 국제분쟁 해결과 평화조성의 전통이 대북한 관여를 통해 한반도에 적용된 것이라고 말할 수 있지만 다른 한편으로는 러시아의 잠재적 안보 위협에 대응하기 위해 미국과의 안보협력이 절실하게 필요했던 스웨덴이 대미국 관계 강화를 위해 미국을 지원하기 위한 목적으로 수행한 것이기도 하다.


## (2) 스웨덴의 대미국 안보협력 중요성


스웨덴 같은 '자기 선언적self-proclaimed' 또는 '자기 유지적self-maintained' 중립국이 중립국 지위를 인정받고 잘 유지하기 위해서는 중립의 의지, 능력, 타국의 신뢰가 무엇보다 중요하다. 스웨덴이 중립 노선을 선택한 이유는 원치 않는 전쟁에 끌려 들어가지 않기 위함이었고 중립 노선 유지는 평시 군사적 비동맹, 총력방어 체제 유지, 일관성 있는 중립 노선 유지가 핵심 요소였다. 그런데도 러시아라는 강대국이 가까이 있다는 지정학적 현실 때문에 중립 선언에만 의존하는 정책으로는 안보를 담보할 수 없었으므로 러시아의 안보 위협을 상쇄할 수 있는 보다 확실한 '안보 우산'으로서 미국과의 긴밀한 안보협력이 필요하였다. 특히 러시아의 역외영토인 칼리닌그라드Kaliningrad는 러시아 발트 함대가 위치한 곳으로서 스웨덴 영토 고틀란드Gotland섬에서 동남쪽으로 약 350킬로미터(214마일) 밖에 안 떨어진 매우 가까운 곳에 있었기 때문에 스웨덴에 잠재적 안보 위협이 되었다. 이는 러시아의 주요 함대 기지가 바로 스웨덴의 코앞에 있다는 것을 의미하는 것이었다. 칼리닌그라드는 소련 해체 이후 러시아와 더는 육로로 연결되어 있지 않다. 동쪽과 북쪽은 리투아니아, 남쪽으로는 폴란드, 서쪽으로는 발트해에 접해 있는 러시아의 '역외영토'이다. 원래는 독일 제국의 전신인 프로이센 왕국의 발원지로서 독일 영토였으나, 2차 대전 후 소련에 할양되었고 소련의 해체 이후 발트국가들이 독립하면서 러시아의 역외영토가 되었다. 러시아 칼리닌그라드는 스웨덴 고틀란드섬과 인접한 거리에 있기 때문에 러시아가 2022년 1월 우크라이나 침공을 준비하기 시작하는 움직임을 보였을 때 곧바로 스웨덴이 고틀란드에 배치된 군사력의 대비태세를 격상하였을 정도로 스웨덴의 안보에 매우 민감한 지역이다.

냉전 시기 스웨덴 주변 지역 국가들의 안보 배열은 동서남북의 주변 지역이 냉전의 대결 구도가 팽팽하게 느껴지는 구도였다. 따라서 스스로 중립 정책을 표방하였지만, 안전이 완전히 보장된 상태라고 말하기 힘들었고 중립 노선 때문에 NATO 가입도 스스로 유보하였기 때문에 안보 불안을 느낄 수밖에 없었다. 스웨덴은 유사시 중립 노선이 존중받지 못하는 상황에 대비하여 총력방어에 기초한 무장 중립을 추진하였고 이는 전쟁 기간에도 평시 모든 사회 활동이 계속 진행될 수 있도록 하고, 군사 방어 노력을 지원할 수 있도록 적응시켜 나가는 것을 의미하였다. 중립 유지의 '능력 또는 역량'과 관련해서는 군사 방위력과 함께 경제방위력이 관건이었는데, 이는 일정 기간 외부의 도움 없이 자신의 자원만으로 국토 방위가 가능한 수준이어야 한다는 것을 의미하는 것으로서 스웨덴은 일정 기간 해상 봉쇄에도 생존할 수 있도록 긴급물자 조달 계획과 생산 구조 및 방향을 수립해야 했다. 이처럼 무장 중립은 신뢰할 만한 군사력, 시민 및 경제방위, 군사물자의 자급자족에 기반하는 것이었다. 스웨덴은 무장 중립만으로는 안보가 담보되지 않는다고 판단하여 총력 안보에 입각한 무장 중립을 유지하면서 다른 한편으로는 은밀하게 미국 및 NATO와 긴밀한 안보협력을 통해 유사시에 대비하였다.

스웨덴은 소련의 침략에 대한 군사 대비를 위해 비밀리에 미국 및 NATO와 폭넓은 안보협력을 추진하였다. 미국은 스웨덴에 핵무기를 제외한 미국의 발전된 무기 체계에 대한 접근을 허용하였고, 스웨덴에 대한 소련의 군사적 위협에 적극적인 대응을 약속했다. 그 대가로 스웨덴은 미국의 잠수함에서 발사가 가능한 중거리 탄도미사일MRBMs인 폴라리스Polaris로 무장한 잠수함이 스웨덴 해안으로 접근하는 것을 허용하였다. 또한 스웨덴은 미국의 B-52 전폭

**[그림 1] 스웨덴 주변 안보 대립 구도**

기가 소련에 대한 보복 공격을 마친 후 귀환할 수 있도록 일부 공군기지 활주로 사용도 허용하였다. 미국은 소련으로부터 예상하지 못한 갑작스러운 공격을 받았을 때 소련을 타격할 2차 공격 능력을 확보할 필요가 있었기 때문에 스웨덴의 협조가 필요하였다. 스웨덴과 미국은 이러한 군사적 밀약을 지속해서 국가 비밀로 유지하였다. 왜냐하면 미국과의 안보협력을 공개하는 것은 자칫 스웨덴의 중립 의지에 의심을 초래할 수도 있었기 때문이다. 스웨덴 에르란데르 정부(1946~1969, 23년간 재임)에서 시작된 이러한 스웨덴과 미국 및 NATO와의 '비공식 동맹관계'는 후임자인 울로프 팔메 총리가 사망한 후인 20세기 말에 처음 공개되었다. 이처럼 팔메가 국제

사회에서 미국의 베트남 정책에 대해서 공개적으로 비판하면서도 미국 및 NATO와 긴밀한 군사협력 관계를 유지하였던 이유는 소련과 지정학적으로 근접거리에 있어서 유사시 소련의 군사적 위협에 대응하기 위해 미국 및 NATO의 군사적 지원을 받을 필요가 있었기 때문이다.

또한 스웨덴은 안보 위협에 대비하는 차원에서 2018년 핀란드와 함께 미국과 군사협력 양해각서에 서명하는 등 미국과의 군사협력 관계를 계속 강화해 왔다. 이는 대외적으로는 중립주의 노선을 견지하면서도 대미국 안보협력 강화라는 일종의 '안보 보험'을 드는 실리 외교를 추진하였다는 것과 그만큼 미국과의 관계를 중시하였다는 것을 의미한다. 아울러 냉전 시기 스웨덴은 소련의 공격에 대비하여 미국 해병을 유사시에 수용하는 긴급사태 대책contingency plans을 갖고 있었다. 높은 위상의 중립 노선과 동서 양 진영 어느 쪽에도 가담하지 않고 중간에 서는 '제3의 길' 지지자였음에도 불구하고, NATO의 관리들은 스웨덴을 '그림자 회원국a shadow member'으로 간주할 정도로 긴밀한 협력 관계를 유지하였다. 이는 스웨덴이 얼마만큼 미국 및 NATO와 긴밀한 안보협력을 하고 있는지를 잘 대변하는 표현이다. 결론적으로 스웨덴의 지정학적 위치 때문에 미국과의 관계는 스웨덴의 안보에 그만큼 중요하였던 것이다. 이러한 스웨덴-미국 안보협력은 미국의 호응으로 가능했는데 1960년 4월 미국 국가안전보장회의NSC는 아이젠하워 대통령 주재 회의를 열고 '스칸디나비아에 대한 미국의 정책US Policy toward Scandinavia'이라는 정책 문서를 논의하였다. 이 문서는 미국의 스웨덴에 대한 일방적인 안전 보장 제공에 관한 내용을 담고 있었다. 미국의 안전 보장 제공은 1950년대 스웨덴이 영국, 미국, 노르웨이, 덴마크에 전시 군사 협조를 제공해 준 데 대한 보응 차원에서 이루어진 것이었다.

2022년 2월 말 러시아가 우크라이나를 침공하면서 시작된 유럽의 안보 불안이 결국 그동안 NATO 미가입 상태에 있었던 중립국 스웨덴과 인접국 핀란드의 NATO 가입을 추진하게 했지만, 우크라이나 전쟁 발발 이전에도 스웨덴 국민 대다수는 유사시 미국이 군사적으로 스웨덴을 지원해 줄 것이라는 믿음을 항상 갖고 있었고, 이를 의심하지 않았다. 그만큼 스웨덴이 NATO 미가입 상태에서도 심리적으로 미국의 '안보 우산'에 큰 의미를 부여하고 있었고, 스웨덴 국민에게 그 중요성이 매우 큰 것으로 이미 인식되어 있었다는 것을 의미한다. 미국은 주요 방산 수출시장으로서도 스웨덴에 매우 중요한 국가이다. 스웨덴의 주력 전투기인 그리펜gripen의 주요 수출시장이고, 미국 육군과 해병대는 세계적으로 성능이 입증된 스웨덴 방산업체 사브SAAB가 생산한 휴대용 대전차포인 칼 구스타프 무반동포를 자국산 무기 사용 원칙의 예외로 수입하여 사용하고 있다.

오늘날 스웨덴은 미국 및 NATO군과 다양한 합동 군사훈련에도 적극적으로 참여하고 있다. 2020년 1월 스웨덴은 미국과 육해공 합동 군사훈련을 스웨덴 남부 지방 뤼드쉐핑Lydköping에서 실시하였고, 2022년 2월 런던에서 열린 영국 합동 원정군UK Joint Expeditionary Force 회의에 참석한 홀트크비스트Hultqvist 스웨덴 국방부 장관은 발트해 연안에서 실시 예정인 영국 합동 원정군 훈련에 참여할 것이라고 발표하였다. 영국 합동 원정군UK Joint Expeditionary Force은 덴마크, 핀란드, 에스토니아, 아이슬란드, 라트비아, 리투아니아, 네덜란드, 스웨덴, 노르웨이로 구성된 영국 주도의 원정군이다. 또한 2022년 2월 스웨덴 공군은 미국 공군과 스웨덴 중부 지역인 달라르나Dalarna에서 합동훈련을 실시하였다. 이처럼 스웨덴은 유사시에 대비하여 미국 및 NATO와의 긴밀한 군사 안보협력 관계를 유지하였다.

전시 중립국 의무에 대해서는 1907년 및 1912년 헤이그협약에 규정되어 있으나, 평시 중립국 의무는 국제법 규정이 없다. 따라서 스웨덴같이 자기 스스로 중립을 선언한 중립국은 평시에 중립에 대한 다른 나라의 존중과 인정을 받기 위해 스스로 필요한 대책을 강구하는 자구노력을 해야만 했다. 그러나 이는 반대로 만약 스웨덴이 중립에 대한 존중과 인정을 다른 나라로부터 얻지 못하는 상황이 발생하면 스웨덴은 안보 위기에 봉착하게 되는 것을 의미한다. 바로 이점이 스웨덴이 미국 및 NATO와 국방협력 및 합동 군사훈련을 유지하고 미국과의 관계를 돈독하게 유지하려는 이유이기도 하다.

2022년 봄 러시아의 우크라이나 국경 주변 병력 배치 강화와 우
크라이나에 대한 군사적 압박이 진행되는 정세 변화에 따라 스웨
덴 국내에서는 야당인 보수당을 중심으로 NATO 가입 필요성이 강
력하게 제기되었다. 스웨덴 언론은 스웨덴은 회원국으로 가입하지
는 않았지만 이미 NATO와 협력적 관계를 맺고 있으며, 최근의 안
보 상황 변화가 이러한 협력 관계를 더욱 가속화하고 있다고 보도
하였다. 안 린데Ann Linde 당시 스웨덴 외교부 장관은 "스웨덴 정부는
스웨덴 의회의 지지 아래 NATO와의 협력적 관계를 이미 맺고 있
으며, 스웨덴은 상호운용성 측면에서 NATO와의 관계를 강화해 나
가고 있다. 스웨덴은 NATO와 더 복합적 군사훈련, 더 원활한 정보
교환, 더 깊은 정치 대화를 진행하고 있다. 그렇지만 사민당 정부는
NATO 가입이나 상호방위조약 체결에 반대하는 입장이다."라고 언
급하였다. 페테르 홀트크비스트 당시 스웨덴 국방부 장관도 2021
년 사민당 전당대회에서 사민당 정부가 유지되는 한 스웨덴은 절
대 NATO에 가입하는 일이 없을 것이라고 천명하였다고 보도되었
다. 이처럼 안 린데 외교부 장관이나 홀트크비스트 국방부 장관은
여러 계기에 NATO와의 협력 필요성은 인정하지만 NATO 가입에
대해서는 유보적이라는 기존 입장을 계속 피력하였다. 이는 스웨
덴이 원치 않는 무력 분쟁에 자의에 반하여 의무적으로 끌려 들어
가는 것을 피하려고 대외적으로 평시 비동맹과 전시 중립 노선을

분명히 하였기 때문이다. 그러나 다른 한편으로는 미국 및 NATO와 합동 군사훈련을 실시하여 상호운용성을 강화하는 군사협력 관계를 유지·발전시켜 온 사실을 부인하지 않는다는 점이다. 그만큼 스웨덴은 안보 위협에 대응하기 위해 미국 및 NATO와의 군사협력을 절실히 필요로 하였고 미국이 스웨덴 안보에 중요한 존재라는 것을 의미한다.

러시아가 2022년 3월 실제로 우크라이나를 침공하자 심각한 안보 위협이 현실로 임박하였고, 스웨덴과 핀란드는 결국 2022년 5월 18일 NATO에 가입 신청서를 제출함으로써 지정학적 안보 위협에서 벗어나고 국민의 안위를 지키기 위한 안전 조치를 신속하게 취하였다. 러시아로부터 잠재적 안보 위협을 받고 있던 두 나라가 안보 위협이 실제화되기 이전에 예방 조치를 취한 것이다. 스웨덴의 NATO 가입 추진은 약 200년이라는 오랜 기간 유지해 온 중립 노선을 포기하고 실리적인 방향으로 선회한 역사적인 정책 방향 전환을 의미한다. 그런 만큼 러시아의 안보 위협에 대응하기 위해 앞으로 스웨덴의 미국과의 관계는 중요성을 더해 갈 것이고, 양국 관계는 더 긴밀해질 것이다. 특히 2022년 9월 실시된 총선에서 미국과의 안보협력 강화와 NATO 가입을 오랫동안 공개적으로 지지해 온 보수당 중심의 우파 연합이 승리함으로써 이런 움직임은 앞으로 더욱 강화될 것으로 전망한다.

## (3) 미국의 이익대표부

　이상에서 살펴본 바와 같이 미국은 스웨덴에 안보적으로 매우
필요한 동반자였다. 스웨덴에만 미국이 필요한 존재였던 것은 아
니었다. 미국에도 스웨덴이 매우 중요한 협력 상대였다. 평양 주재
스웨덴 대사관은 미국의 이익대표부interests section 역할을 한다. 이
익대표부는 이익대표국protecting power의 임무를 수행하는 외교공관
을 의미하는데, 이익대표국의 사전적 의미는 무력 분쟁이나 전쟁
또는 외교 관계의 단절 등으로 인해 일방의 당사국 의뢰로 그 당사
국이나 국민의 이익을 타방 당사국 영역(또는 점령 지역) 내에서 보호
할 임무를 위탁받은 제3국을 의미한다. 즉, 북한과 외교 관계가 없
고 평양에 상주 외교공관도 없는 미국의 이익을 북한에서 보호하
고 영사 문제 등 미국 국민을 보호하는 임무를 대신해 주는 역할
을 스웨덴이 평양 주재 스웨덴 대사관을 통해서 하는 것을 의미한
다. 스웨덴 언론은 평양 주재 스웨덴 대사관 대사 집무실 바로 옆방
을 미국 외교관이 북한과 관계가 개선될 때 언제든 사용할 수 있도
록 비워 두고 있다고 보도한 적이 있다. 이 방에는 오래된 책장에
김정일 위원장과 빌 클린턴 대통령 시절 북미 사이에 화해 분위기
가 조성되었을 당시의 Pyongyang Times가 놓여 있고 그 맨 윗단
에는 1면에 김정은 위원장과 도널드 트럼프 대통령 사진이 게재된
Pyongyang Times 최근 판이 올려져 있다고 보도하였다. 현재 평

양 주재 스웨덴 대사관은 미국 이외에 캐나다, 호주의 이익대표부도 맡고 있다.

원래 이익대표국(또는 이익대표부) 제도는 1870~1871 프랑스-프로이센 전쟁 때부터 시작되었으며, 1929년 전쟁포로 대우에 관한 제네바 협약The Geneva Convention 1929에서 공식화하였다. 이익대표부 설치 사례는 조지아와 러시아 양국에 설치된 스위스 대사관, 주이란 스위스 대사관(미국, 사우디아라비아, 이집트의 이익대표부), 주이란 이탈리아 대사관(캐나다 이익대표부), 주오만 캐나다 대사관(이란 이익대표부), 주미국 파키스탄 대사관(이란 이익대표부), 주아프가니스탄 카타르 대사관(미국 이익대표부), 주시리아 체크대사관(미국 이익대표부), 주북한 스웨덴 대사관(미국, 캐나다, 호주 이익대표부) 등이 있다. 이처럼 이익대표부 제도는 오늘날 외교 관행으로 정착되어 보편적으로 활용되고 있는 제도이다.

북한은 2018년 6월 싱가포르 1차 북미정상회담을 며칠 앞둔 시점에 억류 중이던 김동철, 토니 김, 김학송 등 한국계 미국인 3명을 석방하였다. 이들은 2016년과 2017년에 걸쳐 북한에 체포되어 재판을 받고 복역 중이거나 연구 농장에서 노역하고 있었다. 주북한 스웨덴 대사관을 비롯한 스웨덴 정부는 미국인 석방을 위해 북한 당국과 긴밀하게 협의하였고 그 결과로 미국인들의 석방을 성공적으로 끌어냈다. 스웨덴은 북한 당국에 국민의 안전을 최우선시하는 미국 정부에 이들의 안전한 귀환이 얼마나 중요한 의미가 있는지 강조하였다. 억류 미국인 석방을 위한 북한 당국과의 교섭은 평양 주재 스웨덴 대사관이 미국의 이익대표부 자격으로 수행한 것이다. 미국 국민의 석방에 관해 미국 국무부는 대변인 성명을 통해 스웨덴의 헌신적인 수고에 감사한다고 발표하였다. 미국 국무부는 요나스 벤델Jonas Wendel 당시 주북한 스웨덴대사와 대사관 팀에 대한 각별한 감사의 뜻을 표명하였다. 마르고트 발스트룀Margot Wallström 스웨덴 외교부 장관도 정부 홈페이지를 통한 성명에서 억류자 석방에 환영의 뜻을 표시하고 스웨덴이 평양 주재 대사관과 스톡홀름 주재 북한대사관 그리고 이용호 외무상의 2018년 3월 스톡홀름 방문 시 양국 외교부 장관 회담 등 다양한 채널을 통해 북한과 협의하였다고 석방 교섭 과정을 소개하였다. 미국인이 석방된 시점은 북미 양국 모두에게 매우 민감하고 중요한 시기였다는 점에서 더욱 의미가 컸다. 어렵게 성사된 역사상 최초의 북미정상회담을 한 달 앞두고 있었고 미국 트럼프 대통령은 북한의 태도를 문제 삼으며 정상회담 취소 가능성까지 언급한 상황이었다. 이런 상황에서 북한이 미국 국민을 석방한 것은 미국 국내 여론을 북미정상회담 개최에 우호적인 분위기로 유도하는 매우 의미 있는 조치로 평가되었다. 북한의 미국인 석방은 북미 양국 사이의 긴장을 완화하고 예정된 정상회담의 순조로운 개최를 위한 분위기 조성에 긍정적으로 작용하였다. 스웨덴이 북미정상회담의 순조로운 개최를 위해 북한의 신뢰라는 자신의 외교적 자산을 활용하여 이룬 성과였다. 평양 주재 스웨덴 대사관은 캐나다와 호주의 이익대표부 역할도 맡고 있어서 미국인 석방 이외에도 2017년 8월 한국계 캐나다 국적의 임현수 목사 석방과 2019년 6월 호주 알렉 시글리 유학생의 석방에도 핵심적 역할을 하였다.

스웨덴의 평양 주재 대사관은 어떻게 미국의 이익대표부를 맡게 되었는가? 미국이 1995년 9월 스웨덴에 이익대표부 임무를 요청한 배경은 1994년 10월 북핵 문제에 관한 '북미 제네바 합의The Agreed Framework'에 따라 북한과의 빈번한 소통이 필요한 시기에 이루어졌다. 북한과 외교 관계가 없었기 때문에 평양에 대사관을 두고 있지 않은 미국이 북한과의 원활한 소통을 위해 스웨덴 측에 이익대표부 역할을 요청한 데에서 비롯되었다. 물론 중요한 사안에 대해서는 뉴욕 채널, 북한 직접 방문이나 제3국에서 협상 대표가 대면하여 협의하는 방식 등 다양한 선택지가 있지만, 세부적인 협조가 필요한 사안, 특히 자국민에 관한 영사 업무같이 신속하고 자주 접촉할 필요가 있는 사안은 현지에서 북한 당국을 언제든지 수시로 접촉할 수 있는 채널이 훨씬 유용하기 때문이다. 또한 제3의 장소에서 접촉하거나 직접 대면하는 방식은 북한이 이에 동의하지 않으면 성사 자체가 안 되기 때문에 상시적으로 가능한 것이 아니라는 한계가 있는 데 반해 평양 주재 대사관을 활용하면 언제든 쉽게 북한 당국과 접촉할 수 있다는 장점이 있다. 미국은 당시 북한에 주재하는 유일한 서방 국가 외교공관으로서 북한과 좋은 관계를 유지해 온 중립국 스웨덴이 가장 신뢰할 수 있는 적절한 대화 통로로서 역할 할 것으로 판단한 것이다. 사실 당시 스웨덴은 북한의 미수금 상환 불이행, 스웨덴 주재 북한 외교관의 밀수사건 등으로 양국 관계가 오랫동안 소강상태로 들어가면서 평양 주재 공관을 철수하기로 방침을 정하고 대사대리를 철수하는 등 방침 이행을 위한 준비를 하고 있었다. 그러나 스웨덴은 미국의 요청을 받고 공관을 철수하지 않고 계속 유지하기로 방침을 바꾸었다. 스웨덴은 미국의 요청을 수락하였고, 미국의 이익대표부 임무를 시작하였다. 이는 그만큼 양국 관계의 중요성을 상호 인식하고 있었다는 것을 의미한다. 이상에서 살펴본 바와 같이 미국과 스웨덴은 일방적인 것이 아니라 서로에게 전략적 이익을 갖는 중요한 파트너였고 상호 긴밀한 관계를 유지할 필요가 있었던 상대였다. 2001년까지는 스웨덴 대사관이 평양에 주재하는 유일한 서방국 외교공관이었으나, 2015년 현재 북한에 상주 외교공관을 두고 있는 유럽연합 회원국은 모두 7개국(영국, 독일, 스웨덴, 폴란드, 체크, 불가리아, 루마니아)이다.

스웨덴의 대북한 관여 과정에서 스웨덴이 미국과의 관계를 얼마나 중요하게 인식하였는지는 스웨덴 고위급 인사들과의 인터뷰에서도 확인되었다. 스웨덴 보수당의 한 중진 의원은 북한은 스웨덴 국내정치적으로 큰 관심의 대상이 아니라고 하면서 "북한에 대한 관여는 스웨덴이 미국과의 특별한 관계를 유지하고 발전시켜 나가기 위해 사용하는 일종의 수단"이라고 평가했다. 또한 그는

"스웨덴에 미국은 항상 중요한 나라이며, 심지어 미국의 베트남 전쟁 개입에 매우 비판적이었던 팔메 총리 집권 시기에도 미국의 중요성은 항상 존재하였고 팔메 정부의 대외적인 정치적 수사와 실제 행동에 괴리가 있었다"라고 증언하였다. 스웨덴 외교부의 한 현직 고위외교관도 "스웨덴은 서방 국가 중에서 가장 오랜 기간 북한과 외교 관계를 유지해 온 국가로서 북한도 북한이지만 미국과의 관계가 더욱 중요하기 때문에 미국이 스웨덴의 도움이 필요하다면 스웨덴은 대북한 관여를 계속해 나갈 것"이라고 말했다. 스웨덴의 한 보수 성향 정책연구소 소장도 "스웨덴의 대북한 관여는 사회민주당 정부가 사회민주주의 이념에 기초하여 추진한 것이라고 보는 것은 타당하지 않다."라고 주장하면서 "이념을 달리하는 스웨덴의 보수 정당들도 대북한 관여 필요성에 관해서는 같은 생각을 하고 있다."라고 하였다. 즉, 스웨덴의 대북한 관여 정책은 정치적 이념을 넘어서는 정책적 판단의 문제라는 의미이며 그런 정책적 판단의 핵심에는 미국과의 관계 강화 요소가 있다는 의미이다. 스톡홀름 경제대학에서 대북한 역량강화사업 책임자를 역임한 코펜하겐 비즈니스 스쿨 교수는 "스웨덴의 대북한 관여에 대한 의사결정 과정에 가장 큰 영향을 미치는 요소는 핵심 당사국인 한국과 미국이고, 스웨덴은 한국과 미국이 스웨덴의 역할을 중단하라고 요청하기 전까지는 지금까지 해 온 역할을 계속할 것으로 본다. 여기서 북한의 의견은 별로 중요한 변수가 아니다. 스웨덴의 대북한 관여 동기에는 한국 및 미국과의 친선 관계가 그 어느 역사적 또는 이념적 관점

스웨덴과 한반도

보다 월등하게 중요하다고 본다."라고 말한다. 즉 스웨덴에 미국은 국가안보의 측면에서 매우 중요한 존재이고 미국이 필요로 하는 사항에 대해 스웨덴으로서는 최대한 지원함으로써 관계를 강화할 필요가 있었다는 것이다. 따라서 스웨덴의 대북한 관여의 동기는 규범적·이념적 동기 이외에 대미국 관계라는 중요한 요소가 자리하고 있으며, 스웨덴은 오랜 기간 대북한 관여를 통해 형성된 북한과의 협력 관계 및 북한의 신뢰를 자산으로 활용하여 북미 대화 과정에서 적극적인 평화 중개외교를 전개한 것이라고 말할 수 있다.

# 나. 한반도 특사 운영과 북미 대화 촉진자 역할

2차 세계대전 이후 노르딕 지역의 외교 안보 지형은 각국의 입장에 따라 복잡하게 형성되었다. 스웨덴은 유럽연합 회원국이었으나 비동맹원칙을 고수하여 NATO에 가입하지 않았고, 노르웨이는 유럽연합에는 가입하지 않았으나 NATO 회원국이었다. 덴마크는 유럽연합과 NATO에 모두 가입하였다. 핀란드는 스웨덴같이 유럽연합 회원국이었지만 NATO에는 가입하지 않았다. 이처럼 냉전 시기 노르딕 지역 국가들은 양대 진영 질서 속에서 각자 다양한 모습으로 적응하였으나 공동체에 관한 인식은 여전히 강하게 남아 있었고, 전통적 노선인 비동맹에 관해서도 상당한 수준의 애착이 계속 남아 있었다. 노르웨이는 NATO 창립회원국이었음에도 자국 영토 내 외국 군대 주둔을 거부하였고 덴마크도 같은 입장을 취하였다. 두 나라는 핵무기 배치를 거부하였고 핵무기 개발도 스스로 포기하였다. 스웨덴은 NATO에 가입하지는 않았지만, 중립국으로서 핵무기 및 외국 군대 주둔에 반대하는 이들 두 나라와 같은 입장을 취하였다.

스웨덴의 대북한 관여 및 한반도 평화를 위한 역할도 같은 맥락에서 이해될 수 있다. 스웨덴은 자신이 견지하고 있는 중립을 통한 안전 보장의 정책이 잘 유지되려면 전 세계적으로 평화롭고 안정된 환경 조성이 필요하고 가능한 모든 분쟁이 평화롭게 해결되어 불안정 요인이 제거되어야 한다고 생각했다. 분쟁을 평화롭게 해결하는 것은 스웨덴이 원하는 바인 전쟁으로부터의 해방을 위한 안전한 환경을 만드는 데 기여하는 것이다. 이런 목표를 위해 스웨덴은 정치적으로는 외교력을 발휘하여 국제분쟁의 평화적 해결을 위해 적극적으로 나섰고 경제적으로는 능동적인 대외원조를 통해 가난한 국가의 경제적 불안정 요인을 최대한 제거하여 전쟁을 선제적으로 예방하기 위해 노력하였다. 즉 스웨덴은 평화지향 전통에 기초하여 1950년대부터 동서유럽을 연결하는 평화조정자peacemaker의 임무를 수행하였다. 스웨덴의 1956년 수에즈 위기, 1965~1968년 베트남 전쟁, 1976~1977년 서사하라 분쟁,

1980~1986년 이란-이라크 전쟁에서 갈등 조정은 이런 평화조정자
역할의 구체 사례이다.

**[그림 2] 2차 대전 후 스칸디나비아 지역 국가 안보 배열**

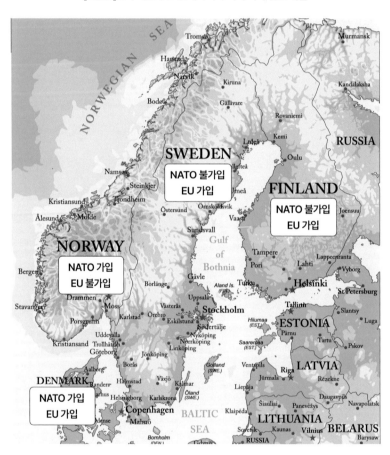

또한 얀 엘리아슨Jan Eliasson 전 스웨덴 외교부 장관(유엔 부사무총장 역임, 2012~2016)은 ① 1980~1986년 1차 이란-이라크 분쟁, ② 1988~1991년 2차 이란-이라크 분쟁, ③ 1992년 미얀마-방글라데시 분쟁, ④ 1992년 수단 분쟁 ⑤ 1994년 아제르바이잔(나고르노-카라바크) 분쟁 ⑥ 2007~2008년 수단(다르푸) 분쟁 등 다수의 국제분쟁 조정 임무를 수행한 경력이 있다. 스웨덴이 한반도에서 평화를 위해 노력하고 북한에 관여하여 국제사회로 유도하려는 동기도 이런 맥락과 인식에서 비롯된 것이다.

2017년 미국 트럼프 행정부의 등장은 북미 관계의 새로운 이정표를 만든 중요한 계기가 되었다. 북한 김정은 위원장은 미국에 새로운 행정부가 등장하면서 기대 반 우려 반을 갖고 지켜보다가 결국 한반도에서 긴장을 조성하는 방향을 선택하였고 미국과의 군사적 대립을 고조시키는 길로 나아갔다. 트럼프 대통령은 스스로 타고난 협상가라고 생각하는 사람으로서 북한과도 협상을 통해 문제를 잘 해결할 수 있을 것이라는 자신감을 갖고 있었다. 이런 상황에서 북한이 군사적 긴장을 조성하자 트럼프 대통령은 군사적으로 맞대응하면서 북미 사이에 군사 긴장이 고조되어 한반도 안보 상황은 급전직하의 상황에 이르렀다. 그 상황에서 2017년 한국에 들어선 문재인 정부의 대북정책은 대북 화해를 기조로 하였고 북한과의 관계 복원을 위해 2018년 평창 동계 올림픽에 북한을 초청하였다. 북한이 심사숙고 끝에 동계올림픽에 참석하기로 결정하였고 이를 계기로 긴장의 수위가 조절되기 시작하였다. 미국의 트럼프 정부도 북한과 협상을 통한 문제 해결에 관심을 갖기 시작하였다.

　한편 2017년 9월 19일 트럼프 대통령은 첫 번째 유엔총회 연설에서 "로켓맨rocket man이 자살 작전a suicide mission에 나섰다.", "만약 우리가 우리 스스로 그리고 우리의 동맹국들을 방어해야만 하는 상황에 내몰린다면 우리는 북한을 완전하게 파괴completely destroy하는 것 외에 다른 선택이 없다."라고 북한 김정은 위원장을 강하게 비판하면서 섣불리 군사 도발을 하지 못하도록 경고하였다. 이 연설을 현장에서 듣고 있던 마르고트 발스트룀Margot Wallström 스웨덴 외교부 장관은 곧바로 스테판 뢰벤Stefan Löfven 총리와 상의한 후 트럼프 대통령의 연설에 즉각적인 비판을 가하였다. 발스트룀 장관은 "(트럼프의 연설은) 허장성세의 민족주의적 연설이다. 유엔 총회장에서 이런 연설은 수십 년 전에나 들어 볼 수 있었던 연설이다. (중략) 이는 북한에 대한 직접적인 군사 위협이고 유엔 헌장을 정면으로 위반하는 내용이다."라고 신랄하게 비판하였다. 다른 한편 발스트룀 장관은 곧장 현장에 있던 이용호 북한 외무상에게 찾아가 대처 방안을 협의하였다. 이 자리에서 발스트룀 장관은 이용호 외무상에게 미국과 신뢰를 조성할 수 있는 아주 작은 조치라도 북한이 할 수 있는 것이 없는지, 북한이 가진 향후 대처 방안은 무엇인지를 물었다고 한다. 사태의 심각성을 인식한 스웨덴이 본격적으로 움직이기 시작한 것이다.

스웨덴은 2017년 봄 안보리 비상임 이사국으로서 안보리 의장을 맡게 되었고 이를 북한 문제에 적극적으로 개입하여 역할을 할 수 있는 계기로 인식하였다. 2018년 렉스 틸러슨Rex Tillerson 미국 국무장관은 안보리 이사국 외무 장관 회의를 소집했다. 이 회의에 스웨덴에서는 안니카 쇠더Annika Söder 외무 차관이 참석했는데, 이 회의에 이어서 열린 트럼프 대통령 주최 오찬에서 쇠더 차관은 문제 해결을 위한 씨앗을 발견했다고 확신하였다고 스웨덴 언론이 보도하였다. 오찬이 끝난 후 쇠더 차관은 북한 대표단과 접촉하여 회의와 오찬 결과를 설명해 준 후 미국이 그 어느 때보다 진지하고 심각해 보인다고 강조하면서 북한이 핵무기 개발을 중단할 것을 강하게 촉구하였다고 한다. 이에 대해 북한도 상황의 심각성에 대한 스웨덴의 평가에 동의를 표하였다고 한다.

스웨덴은 북한 문제를 평화적으로 해결하기 위해 더 적극적으로 움직이기 시작하였다. 발스트룀 장관은 북한 상황에 관해 전문적 지식과 경험이 있는 켄트 해쉬테트Kent Härstedt 사회민주당 의원을 만났다. 이 자리에서 해쉬테트 의원은 발스트룀 장관에게 지금이 북한 문제에 스웨덴이 적극적으로 개입할 최적의 시점이라고 강조하였다. 해쉬테트 의원은 수년간 북한을 접촉해 왔고 1996년 이래 정기적으로 북한을 방문해 온 인사로서 북한 고위급 인사들과 폭넓은 인적 네트워크를 구축하고 있었다. 스웨덴 정부는 2017년 켄트 해쉬테트 의원을 한반도 담당 정부 특사로 임명하고 본격적인 대북 평화 중개외교에 착수하였다. 특사의 임무는 대화를 촉진facilitating talks하고 신뢰를 조성building trust하는 것이었다.

'중개'는 국제분쟁을 평화적으로 해결하는 방법의 하나이다. 유엔에서 공식적으로 발간한『국가 간 분쟁의 평화적 해결에 관한 지침서Handbook on the Peaceful Settlement of Disputes between States』는 분쟁의 평화적 해결 수단의 종류를 ① 교섭과 협의Negotiations and Consultations ② 심사Inquiry ③ 중개Good Offices ④ (정치적) 중재Mediation[1] ⑤ 조정 Conciliation ⑥ (법적) 중재Arbitration ⑦ 사법적 해결Judicial settlement ⑧ 지역 기구와 제도 이용Resort to other regional agencies and arrangements 등 8가지로 구분하여 설명하고 있다. 여기서 의미하는 '중개(③)'는 타협안을 제시하거나 협상에 직접 참여하는 형태를 의미하는 (정치적)'중재(④)'와 구별되는 것으로써 분쟁 해결을 위해 분쟁 당사자들의 접촉이 용이하도록 교섭의 편의를 제공하는 것을 의미한다. 이를 대북한 관계에 적용하면 '중개'는 평화증진을 위해 북한과 국제사회 간의 대화 분위기를 조성하는 조력자로 북한 문제에 관여하는 것을 의미하며, 대화 장소를 제공하거나 양측의 입장을 상대에게 전달하여 대화가 이루어질 수 있게 정치적 소통을 촉진하는 역할을 의미한다. 스웨덴이 북미대화 촉진을 위해 시행한 평화 중개외교가 이에 해당한다.

---

1  영어로 mediation과 arbitration은 우리말로 둘 다 '중재'로 번역된다. 혼동을 피하고자 편의상 mediation을 (정치적) 중재로, arbitration을 (법적) 중재로 구분하였다.

이렇듯 '중재자'와 '중개자'는 분쟁의 당사자가 아닌 제3자라는 점에서는 동일하지만, 중재자가 분쟁의 해결에 목적을 두고 협상에 직접 참여하는 데 반해 중개자의 주된 목적은 분쟁 당사자 사이에서 메시지 전달이나 회담 장소 제공 등의 방법을 통해 분쟁 당사자들의 상호 이해를 증진하고 긴장을 완화함으로써 분쟁 해결을 위한 분위기를 조성하는 데 있다는 차이가 있다. 즉 중개자는 분쟁의 해결을 위한 조력자의 역할을 하는 것이다. 스웨덴 정부는 대북 평화 중개외교에 있어서 항상 자신들은 조력자의 역할에 임무를 한정한다는 입장을 견지하였다. 언론 인터뷰에서 발스트룀 스웨덴 외교부 장관은 "우리가 중요한 역할을 한다는 인상을 대외적으로 주면 줄수록 결국 우리는 실패했을 때의 위험을 떠안게 된다는 것을 의미한다. 우리는 그런 상황을 원하지 않는다. 따라서 우리는 도움을 주는 역할에 한정한다는 점을 분명히 해 왔다."라고 말했다. 발스트룀 장관의 발언에서 알 수 있듯이 스웨덴은 대화 촉진 및 대화 분위기 조성, 대화 장소 제공 등 조력자의 역할로 자신의 임무를 한정하였다. 즉 중재자가 아닌 '중개자'로서의 임무에 충실하였다는 의미이다.

외형적으로 북한과 미국 사이에서 미국의 이익대표국 스웨덴의 역할은 영사 문제에만 초점을 두는 것처럼 보였다. 그러나, 실제로 수면 아래에서는 북한 및 미국뿐 아니라 다른 관련국과 접촉이 계속 늘어났고, 접촉 내용도 복잡하게 변화하였다. 특히 북미 대화 국면에서는 이런 특징이 더욱 두드러졌다. 스웨덴의 역할은 영사 문제에 국한하지 않고 북한이 대화에 나오도록 하기 위한 여건을 최대한 조성하기 위한 노력을 전개하는 것으로 확대되었다. 예를 들어 북한에 국제 여론의 흐름이 어떻게 되어가고 있는지를 설명해 주거나, 미국이 대외적으로 공개한 입장에 포함된 의미를 해석해 주었고, 또한 앞으로 북한이 선택 가능한 옵션에 관한 여러 가지 조언을 해 주는 등 가능한 북한이 국제정세 동향을 옳은 방향으로 이해하고 옳은 판단에 기초하여 현실적이고 객관적 입장에 따라 대화에 임하도록 유도하기 위해 노력하였다. 즉 스웨덴은 북미 사이에서 중재안을 직접 제안하거나 협상에 참여하는 협상 중재자는 아니었지만, 대화를 촉진하거나 대화가 이루어질 수 있도록 분위기를 만드는 대화 촉진자 또는 협상 중개자의 역할을 한 것이다. 이는 상황에 대한 좀 더 논리적 설명을 북한에 해 주고 북한이 좀 더 객관적으로 상황을 볼 수 있도록 도와주는 일이었다. 예를 들어 북한이 핵무기 개발을 자신의 안전을 더 강화하기 위한 수단으로 인식할 때 이로 인해 결과적으로 북한이 오히려 얼마나 안보적으로 위험한 상황에 처할 수 있게 될지를 이해시키는 것이었다. 북한은 스웨덴을 통해 국제정세 흐름이나 미국의 입장에 대한 이해를 높이기 위해 스톡홀름국제평화문제연구소SIPRI 같은 스웨덴의 정부와 밀접한 관계에 있는 권위 있는 연구기관의 해석을 구하기도 하였고 SIPRI도 이에 적극적으로 협력해 주었다. 실제로 저자가 2018년 1월 스웨덴에 한국 대사로 부임하여 댄 스미스Dan Smith SIPRI 소장과 가진 첫 번째 면담에서 스미스 소장은 스웨덴 주재 북한 강용득 대사가 수시로 자신에게 전화하여 미국의 반응 등 한반도 문제에 관한 국제정세 동향에 대한 해석을 요청하였다고 언급하였다.

스웨덴의 대화 촉진 노력은 여러 계기에 실제 사례로 나타났다. 특히 2019년은 이런 노력이 진가를 발휘한 한 해였다. 2018년 6월 싱가포르에서 개최된 1차 북미정상회담에서 최초로 정상 간 접촉을 한 북미 양국은 합의사항의 이행을 위해 다양한 노력을 진행하고 있었다. 2018년 8월 미 국무부 대북 특별대표로 새로 임명된 스티븐 비건은 자신의 북한 측 상대인 최선희 외무성 부상을 만나기 위해 여러 경로로 노력하였으나, 잘 성사되지 않고 있었다. 해쉬테트 스웨덴 특사는 남북한과 미국을 번갈아 오가면서 2019년 1월 스웨덴 스톡홀름의 외곽 하크홀름순트에서 남북미 3국 북핵 수석대표를 초청한 스웨덴 외교부와 스톡홀름 국제평화문제연구소SIPRI 공동 주최 회의를 주선하였다. 여기에 미국의 스티븐 비건과 최선희 북한 외무성 부상이 참석하였다. 이 회의는 스티븐 비건 대북 특별대표가 임명된 지 약 6개월 만에 처음 자신의 상대인 최선희 부상을 만나는 자리였다. 최선희 부상이 이 회동에 참석하도록 만드는 데 성공한 것은 전적으로 스웨덴 중개외교의 결실이라고 할 수 있다. 하노이 2차 북미정상회담을 한 달 앞두고 정상회담 준비의 핵심 책임자인 양국의 북핵 협상 수석대표 간 회동이 스웨덴의 거중 조정으로 처음 이루어진 것이다. 이처럼 스웨덴은 북미 사이에서 양측이 만날 수 있도록 북미 양측 대표를 초청하여 중개하는 평화 중개외교를 하였다.

대화 촉진을 위한 스웨덴의 중간 다리 역할은 2019년 10월에도 한 차례 더 이루어졌다. 2019년 2월 하노이 2차 북미정상회담이 이렇다 할 합의 없이 종료된 후 김정은 위원장은 아무런 소득 없이 정상회담이 종료된 데 대한 불만을 품고 대화의 문을 걸어 잠갔다. 그러면서 북한은 연말까지 미국이 진전된 안을 갖고 나오지 않으면 더는 대화하지 않겠다는 최후통첩을 보냈다. 그 후 마이크 폼페오 미국 국무장관이 북한을 방문하여 설득하였으나 빈손으로 돌아왔다. 북한의 입장은 완고했다. 2019년 7월 해쉬테트 특사를 단장으로 한 스웨덴 대표단이 북한을 방문하고 대화 복귀 문제에 관해 협의하였다. 물론 해쉬테트 특사는 사전에 미국을 방문하여 입장 조율을 이미 마친 상태였다. 스웨덴의 중간 다리 역할을 통해 북한이 어렵사리 북미 고위급 실무협상 개최에 동의하였다. 스웨덴의 중개로 2019년 10월 북미 대표는 스톡홀름에서 고위급 실무협상을 개최하였다. 이 협상은 양국 사이에 열린 첫 번째 고위급 실무협상이었으나 아쉽게도 그 후 계속 이어지지 않았다. 북한 대표단은 미국이 진전된 안을 갖고 나오지 않았다고 비난하면서 1일간의 협상 후 곧바로 협상 결렬을 일방적으로 선언하고 북한으로 복귀하였다. 결국 양측은 서로 각자의 입장만 다시 확인하고 진전 없이 협상이 종료된 것이다. 이 실무협상에 미국은 스티븐 비건 대북 특별대표, 북한은 김명길 순회대사가 참석하였다. 협상에서 진전을 이루지는 못했지만, 스웨덴은 양측의 중간에서 어떻게든 대화가 재개되고 조금이라도 대화 분위기를 조성하려고 노력하였고 그런 노력의 결과는 고위급 협상 개최로 나타난 것이다. 북한이 미국과 대화의 문을 오랫동안 걸어 잠근 상태에서 열린 협상이라는 점에서 결과에 대해 큰 기대를 하기 어려웠지만, 대화 단절 7개월이 지난 시점에 양측이 스톡홀름 실무협상을 수용한 사실 자체만으로도 스웨덴의 중개 노력은 효과를 보았다고 말할 수 있으며, 북한이 실무협상에 참여한 것 자체가 스웨덴에 대한 북한의 신뢰가 반영된 결과라고 평가할 수 있다. 이처럼 스웨덴은 북미 사이를 연결시켜 주기 위해 평화 중개외교를 성실히 수행하였고 회동 자체가 이루어졌다는 점에서 협상 결과의 만족도와 무관하게 성공적이라고 평가할만하다.

스웨덴은 북미 사이에서 대화 촉진자로서 역할하는 과정에서 북한과의 중요한 접촉은 사전 사후에 미국에 자세한 경과와 상황을 공유하였고 의견을 긴밀하게 조율하였다. 해쉬테트 특사는 비건 미국 대표에게 수시로 연락하면서 상황을 공유하였고 동시에 미국의 평가나 입장도 확인하여 북한에 전달하였다. 뢰벤 스웨덴 총리는 1차 북미정상회담 개최 전인 2018년 3월 미국을 방문하여 트럼프 대통령과 회담하였다. 스웨덴은 북미 사이에서 중개외교를 하는 과정에서 미국과 긴밀하게 협의하였다. 이처럼 스웨덴은 스웨덴-북한 접촉 결과를 미국에 전달하고 이해시킴으로써 대화 여건 조성에 최선의 노력을 기울였다. 스웨덴이 북한 문제에 관해 미국과 긴밀하게 상황 공유를 한 것은 2001년 페르손 총리의 첫 번째 방북 직후에도 마찬가지였다. 페르손 총리는 라르쉬 다니엘손 총리실 대외담당 정무차관을 스웨덴 귀국 전에 곧바로 미국으로 보내 부시 대통령 참모들에게 김정일 위원장과의 회담 결과를 상세하게 공유하도록 하였다.

이상에서 살펴본 바와 같이 스웨덴은 북미대화의 '중재자'는 아니라고 스스로 분명하게 선을 긋고 있고, 실제로 트럼프 미국 대통령과 김정은 국무위원장 사이에 열린 정상회담 성사에 있어서 스웨덴이 협상안을 만들어 제시하거나 협상에 직접 참여하는 '중재자' 역할을 한 것은 아니지만 정상회담 성사 여건을 조성하는 조력자 및 중개자 역할을 충실하게 수행하였다. 또한 스웨덴은 미국의 이익대표부 역할을 통해 북한에 억류 중이던 미국인 3명의 석방을 위해 최선을 다해 북한을 설득하였고 석방을 성사시킴으로써 1차 싱가포르 북미정상회담이 계획대로 개최되도록 우호적인 분위기를 조성하는 데 기여하였다. 미국 정부가 언제나 자국민 보호에 최우선 순위 중요성을 부여한다는 점을 고려할 때 미국 국민의 석방은 북한과의 대화에 대해 미국 국민의 지지를 얻을 수 있게 한 요인이었다고 본다. 더욱이 미국 국민의 석방은 1차 북미정상회담을 며칠 앞두고 이루어져 북한은 미국에 '선의'를 보인 것이 되었고, 정상

스웨덴과 한반도

회담 성사를 위한 매우 좋은 기초를 놓은 것이 되었다. 이런 상황을 만들어 낸 스웨덴의 노력은 정상회담이 성사되도록 분위기를 조성하는 데 의미 있는 기여를 하였다는 평가를 받을 만한 것이었다.

스웨덴의 역할은 주로 북미 간 직접 접촉이 여건상 어려운 국면에서 작동하였다. 활발한 북미 접촉과 남북 접촉이 이루어진 기간에는 그 역할이 약해지지만, 2017년~2019년같이 북미 양측이 상호 접촉에 앞서 탐색전을 전개하고 접촉을 위한 물밑 작업을 진행하는 과정에서 활발하게 전개되었다. 이 기간에 전개된 스웨덴의 역할을 유형별로 보면 대체로 북미 양측 메시지 상호 전달, 양국 간 접촉 주선 및 접촉 장소 제공, 억류된 인질 석방 같은 인도주의적인 문제 해결을 위한 대북한 협상 등이다. 스웨덴은 스톡홀름 주재 북한대사관, 평양 주재 스웨덴 대사관 그리고 해쉬테트 특사의 북한 직접 방문 등의 다양한 소통 채널을 활용하여 적극적인 대화 촉진자 역할을 수행하였고, 이를 통해 구체적 성과를 거둠으로써 북미 직접 협상을 위한 여건 조성에 크게 기여하였다. 스웨덴의 이러한 역할이 북미정상회담 자체를 직접적으로 성사시키거나 북핵 문제 해결을 위한 구체 방안 제시 같은 적극적인 "중재"를 의미하는 것은 아니다. 그러나 스웨덴은 자신이 보유한 채널을 활용하여 북미 대화를 위한 기회의 창을 열고 대화 성사의 중요한 물줄기를 타는 데 필요한 여건을 조성하는 보조적 역할을 성공적으로 하였고 이런 스웨덴의 평화 "중개"외교의 효과는 상당하였다. 실제로 2018년

6월 싱가포르 1차 북미정상회담이 개최되기 이전까지 스웨덴-북한 고위급 접촉은 빈번하게 이루어졌다. 이를 일시별로 살펴보면 2017년 6월 해쉬테트 특사 방북, 9월 유엔총회 계기 뉴욕에서 스웨덴-북한 외교장관 면담, 12월 해쉬테트 특사 방북, 2018년 1월 한성렬 북한 외무성 부상 스웨덴 방문, 3월 이용호 북한 외무상 스웨덴 방문이 있었다. 또한, 2019년 2월 하노이 2차 북미정상회담이 있기 직전인 1월 스톡홀름에서 남북미 북핵 수석대표 회동을 스웨덴이 주선하여 미국의 비건 대표와 최선희 북한 대표 간 직접 접촉이 처음 이루어지도록 도왔다. 아울러 하노이 정상회담이 구체 성과 없이 종결된 후 양측 간 입장 차이가 좁혀지지 않아 협상이 소강상태에 빠져 대화 속개가 더는 어려운 상황에 처했을 때 스웨덴은 북미 고위급 실무협상을 스톡홀름에서 주선하였다. 스웨덴은 평양과 워싱턴을 오가면서 대화가 재개될 수 있도록 만들어낸 것이다. 이 외에도 스톡홀름 주재 북한 대사 및 평양 주재 스웨덴대사를 통해서도 빈번한 소통을 하였다. 직접 방문의 형식은 아니더라도 스웨덴은 북한과 미국 사이에서 메신저 역할을 성실하게 수행하였고 이를 인정받았다.

스웨덴의 북미 사이의 평화 중개외교는 스웨덴이 스스로 인정하듯이 제한적이고 보조적이었지만 실질적인 효과를 발휘하였다. 스웨덴 언론은 북한 문제에 관여한 여러 인사들을 두루 인터뷰한 결과를 기초로 작성한 특집 보도에서 스웨덴의 역할을 외형적으로는 영사 협력 즉, 북한에 억류된 미국 및 캐나다 국민 석방에 그 초점을 두고 있었으나, 물밑에서는 북한에게 국제정세 흐름을 설명해 주거나, 미국이 대외적으로 발표한 내용의 함의를 해석해 주고 북한의 선택지 등을 조언해 주는 역할을 해 주었다고 평가하였다. 즉, 스웨덴은 북미 협상의 중재자까지는 아니어도 대화 촉진자 또는 대화 여건 조성자의 역할은 분명하게 하였다고 분석했다.

스웨덴은 이러한 과정을 통해 미국과 북한 모두로부터 신뢰를 얻을 수 있었다. 즉, 북한으로서는 미국의 의도를 파악하기 어려운 상황에서 해쉬테트 특사와 같이 미국 행정부 고위 인사와 지속적으로 접촉하는 인사로부터 미국이 전하고자 하는 메시지의 정확한 의미를 파악해 북한이 더 정확한 상황 판단이 가능하게 도와주었고, 한편으로는 북한이 원하는 바를 해쉬테트 특사를 통해 미국에 전달할 수 있어서 그 역할이 매우 유용하였다. 다른 한편 미국으로서는 자신의 의도를 해쉬테트 특사가 정확하게 이해하게 함으로써 메시지를 북한이 제대로 읽을 수 있도록 특사의 역할을 활용하였다고 볼 수 있다. 또한 미국으로서는 북한에 억류된 미국 국민 석방과 같이 미국이 국내정치적 관점에서 꼭 해결해야 하는 중요한 현안을 외형상 북한에게 매달리지 않으면서 그리고 체면을 구기지 않으면서 해결할 수 있게 하는 데 스웨덴의 역할이 유용하였다. 스웨덴은 양측으로부터 긍정적인 평가를 받을 수 있었고 이러한 양국의 평가가 스웨덴이 대화 촉진자 또는 중개자 역할을 할 수 있는 공간과 입지를 만들어 준 것이다. 스웨덴은 북미 대화가 교착 상태에 빠져 있을 때 북한과 미국을 번갈아 방문하면서 입장을 상대에 전달하고 그 입장을 정확하게 이해할 수 있도록 도와줌으로써 양국이 만날 수 있는 여건을 조성하는 평화 중개외교를 충실히 해낸 것이다.

그럼 왜 스웨덴은 북미 협상에 적극적인 역할을 하고자 노력하였을까? 그 동기는 무엇일까? 스웨덴의 역할에 대한 스웨덴 및 미국 주요 인사들의 공통된 평가는 중립 정책이라는 실용주의 외교노선을 견지해 온 스웨덴에 평화로운 국제 환경 조성은 국익에 유익하며 이를 위한 스웨덴의 적극적인 역할은 당연한 책무라는 것이다. 스웨덴 학자들은 스웨덴같이 작은 나라에는 고립보다는 개입이 국제사회에 자신들의 외교 정책적 영향력을 행사하기에 유리한 현실 정치적 전략이며 대북한 관여 정책도 이런 맥락에서 이해할 필요가 있다고 분석한다. 이는 합리적 선택이고 국가 이익에 부합한다는 것이다. 야콥 할그렌Jakob Hallgren 전 주한 스웨덴대사는 "스웨덴은 역사적으로 많은 국제분쟁 조정 경험을 통해 어느 한 당사자가 아무리 불쾌한 행동을 하고 불건전한 정권일지라도 그들과 대화를 해야만 해법을 찾을 수 있고, 부도덕한 정권이라고 해서 대화를 단절하면 아무런 해결도 도모할 수 없다는 것을 교훈으로 얻었다. 또한 스웨덴은 인구 1,000만의 작은 국가이고 무역에 의존하는 국가이기 때문에 국제기구, 국제법이 잘 작동되고 국제 무역이 방해받지 않고 예측 가능하게 이루어지는 환경이 스웨덴에 절대적으로 유리하다. 따라서 국제분쟁을 평화로운 방법으로 해결할 수 있는 길이 있다면 이를 적극적으로 지원하고 돕는 것이 스웨덴의 이익에 부합하는 것이다. 바로 이런 생각들이 스웨덴이 오랜 기간 국민총생산의 1%를 국제개발 원조와 인도적 지원에 투입하고 국제 평화유지 활동에 적극적으로 참여하는 이유이다. 스웨덴은 외부로부터 군사적 공격을 받게 되는 상황이 올 때 지속적인 국제 원조와 지원 그리고 평화 유지에 대한 기여가 결국 스웨덴의 잠재적 공격자들의 공격 가능성을 낮게 하고 공격을 받았을 때 국제사회로부터 스웨덴이 지원받을 수 있는 환경을 만드는 것이라는 믿음을 갖고 있다."라고 평가한다. 즉 북한에 대한 지속적이고 적극적인 관여를 통해 한반도 문제가 평화롭게 해결되고 세계 안보 환경이 안정화되는데 기여할 수 있다면 이는 당연히 스웨덴에도 이익이 되는 것이기 때문에 문제 해결에 기여할 동기가 되고 기꺼이 도움이 되는 역할을 할 의사가 있다는 것이다.

스웨덴의 역할에 관해 2018년 초 미국에서 트럼프 대통령과 정상회담을 마치고 귀국한 스테판 뢰벤Stefan Löfven 총리는 언론 인터뷰에서 "스웨덴은 북미 사이에서 연결고리link가 되기를 희망하며, 스웨덴은 비동맹 중립국으로써 사심 없이 그저 공동 안보에 기여하기를 희망한다. 또한, 대화의 내용을 형성하고 대화의 의지를 보이는 것은 핵심 당사국main player들의 몫이다. 스웨덴이 직접 문제를 해결하는 당사자가 되겠다는 순진함을 갖지 말아야 한다. 만약 스웨덴이 문제 해결 프로세스를 지원할 수 있다면 스웨덴은 그렇게 할 것이다. 대화는 당사자에 의해 행해지는 것이다. 나는 트럼프 대통령에게 만약 미국이 우리에게 어떤 역할을 해 달라고 요청하면 그렇게 하겠다고 했다."라고 말했다. 미국 국무부 대북정책 특별대표를 역임한 죠셉 윤Joseph Yoon 대사는 "스웨덴은 웜비어 석방에 결정적 역할을 하였다. 미국인 수감자들을 돌보는 데 있어서 경이적인 일을 담당해 주었다. 그뿐 아니라 더욱 중요한 것은 북미 사이에 직접 대화 채널이 없던 시기에 직접 대화를 위한 다리bridge 역할을 훌륭하게 해냈다."라며 스웨덴의 역할을 높이 평가하였다. 한스 발마르크Hans Wallmark 스웨덴 보수당 의원은 "스웨덴은 기본적으로 가치에 입각한 국제주의를 추구하는 국가로서 국제사회에 도움이 된다면 앞으로도 북한에 관여하는 역할을 기꺼이 자임할 것이다. 울로프 팔메 총리 시절에도 외형적으로는 적극적 중립 노선을 취하였으나, 그 이면에서는 미국과의 매우 강력한 외교 관계를 유지하겠다는 의지가 있었다. 스웨덴은 기본적으로 자유민주주의 국가에 속하기 때문이다. 스웨덴은 실용주의 외교 노선을 견지하는 국가로서 1970년대 팔메 총리 시절 중립주의 노선을 취한 것이고 미국의 정책에 비판의 목소리를 높인 것이 사실이지만 그 후 변화하였고, 팔메 총리 시절에도 정치적 수사와 실제의 행동에 괴리가 존재한 측면이 있다. 미국은 스웨덴에 항상 중요한 나라였고 특히 사민당 정부에게는 더욱 그러했다. 미국과 불협화음을 냈던 유일한 이

슈는 미국의 베트남 전쟁 개입이었으나, 그 이슈도 전쟁 종료 후 사라졌다. 스웨덴은 1960년대 및 1970년대 기간 중 미국의 제국주의적 행태를 비판하는 것과 항상 우호적인 관계를 유지하려는 입장 사이에서 적절한 균형을 유지했다고 본다. 미국은 스웨덴의 그리펜 전투기 수출의 중요 시장으로서 스웨덴 방위산업에 중요한 파트너이기도 하다. 스웨덴이 북한과 우호적인 관계를 오래 유지해온 데 대해 스웨덴 내부에서 비판이 없는 이유는 미국과의 관계에 있어서 스웨덴이 북한 카드를 적절히 활용할 수 있는 측면이 있다는 점을 모두 인정하고 이해하기 때문이다. 평양 주재 스웨덴 대사관은 이런 의미에서 북한과의 연락 채널로서 매우 중요한 기능을 수행하고 있다."라고 증언하였다. 야콥 할그렌 전 주한 스웨덴대사는 한겨레와 인터뷰에서 "스웨덴은 단지 역할을 하려는 것이 아니라 그것은 스웨덴의 책임이며 의무"라고 규정한다. 그는 "스웨덴은 전 세계에서 서울, 평양과 판문점 중립국 감독위원회 등 한반도에 세 곳의 대표부가 주재하는 유일한 국가로서 미국, 일본, 중국, 러시아, 남북한 같은 직접적인 이해 당사자가 아니기 때문에 한반도의 평화와 안보를 위해 제3자로서 누구보다 객관적인 관점에서 지원하는 역할을 할 수 있는 위치에 있다"라고 본다. 또한 "이런 관점에서 스웨덴 정부는 2017년 한반도 담당 특사를 임명하여 더욱 적극적인 역할을 하고자 하는 것이며, 약 50년 전 핵무기 개발에 필요한 모든 기술 능력과 원료를 갖고 있었고 안보를 위해 핵무기를 개발해야 한다는 주장이 국내적으로 강하게 제기되었지만 결국 핵무기 개발을 하지 않기로 정책 결정한 경험이 있는 국가이기 때문에 한반도 비핵화를 위해 도움을 줄 수 있다고 본다."라고 한다. 즉 스웨덴은 대미국 관계를 중시하고 실용주의 외교 노선을 견지하는 자유민주주의 국가로서 국제법과 국제기구의 역할이 잘 작동하여 국제질서가 안정적으로 유지되는 환경이 자국의 국가 이익에 부합하기 때문에 국제분쟁의 평화적 해결을 통한 안정적인 국제 안보 환경 조성에 기여하고자 하며, 그런 맥락에서 도움이 된다면 기꺼이 북미 사이에 중간 다리 역할 또는 대화 촉진자 역할을 할 의지와 동기가 있다는 의미이다.

결론적으로 스웨덴은 한반도 평화 정착과 남북한 화해를 위한 각별한 관심과 의지를 갖고 있고 기회가 있을 때마다 한반도 문제를 해결하는 데 기여하고자 노력하였다. 스웨덴은 2001년 유럽연합 의장국을 맡았을 때 6개월이라는 짧은 의장국 수임 기간 중 다룰 외교 현안으로 한반도 평화 문제를 선택하였고 요란 페르손 총리가 서방 지도자로서 최초로 방북하여 김정일 위원장과 회담을 갖고 북한의 개혁개방과 북한-유럽연합 관계 개선에 기여하였다. 2017년 북미 대립이 격화하여 한반도에 군사적 긴장이 높아지면서 국제 안보 최고 현안으로 대두했을 때 스웨덴은 북미 대화가 이루어질 수 있도록 적극적인 중개외교를 전개하여 한반도 평화 정착과 남북한 화해 협력을 위해 노력하였다.

## 다. 북한의 신뢰와 스웨덴의 평화 중개외교

북한에 대한 관여는 단지 스웨덴이 원한다고 가능한 것이 아니다. 북한이 동의하지 않으면 스웨덴의 선의도 받아들여질 수 없다. 스웨덴의 대북한 관여는 북한도 받아들였기 때문에 가능한 것이다. 그럼 북한은 왜 스웨덴의 관여를 수용한 것일까? 북한에 스웨덴은 어떤 존재로 받아들여진 것일까?

스웨덴은 서방 국가 중 가장 먼저 북한을 공식적으로 승인하고 외교 관계를 수립하였으며, 서방 국가 중 가장 먼저 평양에 상주 외교공관을 설치한 국가이다. 스웨덴은 북한에 가장 큰 규모의 인도적 지원을 제공한 공여국 중 하나이다. 스웨덴 요란 페르손 총리는 유럽연합 각료이사회 의장국 대표 자격으로 2001년 평양을 공식 방문하여 북한을 가장 먼저 방문한 서방 지도자가 되었다. 페르손 총리의 방북은 스웨덴-북한 관계뿐 아니라 유럽연합-북한 관계를 폭넓게 발전시키는 데 기여하였다. 켄트 해쉬테트 스웨덴 한반도 특사는 1996년 북한을 처음 방문한 이래 20회 이상의 방북을 통해 북한 고위급 인사들과 넓고 깊은 유대 관계를 맺었고 이를 기초로 북미 대화 촉진 및 한반도 평화와 화해 촉진을 위한 중개외교에 앞장섰다. 켄트 해쉬테트Kent Härstedt 특사는 1995년부터 2005년까지 약 10년간 UNICEF 지부장을 역임하면서 북한을 처음 방문하였고, 1990년대부터 특사 임명 이전까지 10여 차례 북한을 방문하였다. 또한 스웨덴 의회 의원 재직 당시인 2014년 북한 외교부 유럽국장이 스웨덴을 방문했을 때 직접 만난 이후 북한의 주요 인사 방문 때마다 이들을 만나는 스웨덴 측 핵심 인사 중 한 명이다. 해쉬테트 특사는 2022년 초 주싱가포르 스웨덴대사로 부임하여 1년간 주재한 후 2023년 초 본국으로 돌아와 공직을 사임하고 지금은 정부를 떠났다.

이와 같이 스웨덴은 역사를 통해 북한과 촘촘한 관계를 형성하였고 이러한 관계 속에서 북한과 신뢰를 형성하게 되었다. 스웨덴은 미국의 이익대표국으로서 북한에서 미국의 이익을 대리하여 대표하고 있다. 스웨덴과 북한 사이에 형성된 관계는 자연스럽게 양국 지도자와 고위급 인사 사이에 인적 유대를 형성하게 하였고 북미 사이에서 중개외교의 기반을 만들었다. 여기서 무엇보다 주목할 점은 스웨덴이 북한으로부터 또는 북한의 지도급 인사들로부터 신뢰를 얻었다는 점이다. 북한의 신뢰를 얻을 수 있었던 요인은 스웨덴의 북한에 대한 지속적이고 일관된 관여 때문이었다. 스웨덴은 북한의 요구사항을 모두 해결해 줄 수 있는 것은 아니었지만 북한이 핵실험으로 인해 유엔 제재를 받고 있어 외교적으로 고립된 상황에서도 북한의 말에 귀 기울여 주고, 오랜 기간 북한에 아무 전제조건 없이 정치적 상황과 무관하게 인도적 지원을 제공하여 순수하게 인도주의적 관점에서 북한 주민의 열악한 생활 여건을 개선하기 위해 노력하였다. 또한 스웨덴은 북한의 요청에 따라 자국 비용으로 북한의 학자와 관리들을 초청하여 자본주의 시장 경제운용 원리에 관한 교육과 훈련을 오랫동안 시행하였다. 북한은 이런 스웨덴의 일관성 있고 진정성 있는 노력을 있는 그대로 받아들였고 그 과정에서 신뢰를 하게 된 것이다.

그렇다고 스웨덴이 국제평화를 위협하는 북한의 핵실험과 미사일 발사 같은 군사적 도발에 대해서까지 유화적인 태도를 보인 것은 아니다. 스웨덴은 북한의 핵실험이나 미사일 발사 같은 안보리 결의 위반 행위에 대해서는 단호하고 원칙적인 입장을 견지하였다. 북한이 2006년 핵실험을 예고한 데 대해 한편으로는 고위급 외교관을 평양에 급파하여 마지막까지 핵실험을 막기 위해 교섭하였고, 다른 한편으로는 북한의 핵실험을 막기 위해 스웨덴 주재 북한 대사를 외교부로 초치하여 얀 엘리아손Jan Eliasson 스웨덴 외교부 장관이 핵실험 계획에 대해 심각한 우려를 직접 전달한 적도 있다. 또한, 2013년 북한이 3차 핵실험을 했을 때 칼 빌트Carl Bildt 스웨덴 외교부 장관은 북한의 핵실험을 강력하게 비난하는 메시지를 공개 발신했다. 2018년 9월에는 유엔 주재 스웨덴대사 울로프 스쿠그Olof Skoog가 유엔 안보리 회의 개최 후 정부 성명을 통해 북한 핵 문제 및 비확산에 관한 스웨덴 정부 입장을 발표하였다. 이 성명에서 스웨덴 정부는 북한 핵 문제에 관한 안보리 제재가 완전히 이행될 때까지 대북한 제재의 효과적인 이행과 제재 유지가 필요하다고 강조하였다. 이와 함께 평화적 해결을 위한 외교 및 대화 노력을 지지하며, 대북한 인도적 지원에 대한 제재 예외를 효과적으로 이행하는 것이 중요하다고 하였다. 스웨덴 정부의 북한 핵 문제에 대한 반응과 입장에서 알 수 있듯이 스웨덴은 북한의 핵무기 개발에 반대한다는 원칙적이고 확고한 입장을 일관되게 갖고 있다.

스웨덴은 북한의 핵무기 개발에 대한 원칙적이고 단호한 입장과는 별개로 대북한 규범적 관여를 오랜 기간 지속해 왔고, 이를 통해 북한의 신뢰를 얻을 수 있었다. 양국 관계에 있어서 스웨덴이 대북한 규범적 관여 이외에 북한의 신뢰를 얻는 데 도움이 된 몇 차례의 구체적 계기가 있었다. 즉 1970년대 중반 노르딕 국가 주재 북한 외교관의 대형 밀수사건이 발생했을 때 스웨덴은 노르웨이, 덴마크와 달리 스웨덴 주재 북한 대사와 밀수에 연루된 북한 외교관의 처리 문제에 관해 북한 당국과 사전에 긴밀히 협의하였고, 협의 결과를 기초로 노르웨이와 덴마크가 처리한 방식과 달리 강제 추방하지 않고 자발적 출국 형식으로 스웨덴을 떠나게 하였다. 스웨덴이 최악의 상황을 막고 원만하게 문제를 해결함으로써 북한의 체면을 살려 준 것이다. 또한 유엔 안보리 제재로 인해 북한이 외교적으로 고립된 상황에서도 스웨덴은 북한 고위급 인사가 스웨덴 방문이나 면담을 요청하면 북한의 요청을 수용해 주었다. 스웨덴은 고위급 회담에서 북한이 요구한 사항을 다 해결해 줄 수는 없었지만, 최소한 북한 고위급 인사의 방문이나 면담을 허용해 주고 북한의 애기를 들어주는 호의를 베풀었다. 이는 스웨덴이 북한과의 고위급 접촉 및 소통 채널을 계속 유지하겠다는 의지와 명분이 있었기 때문에 가능하였다. 아울러 스웨덴 정부 기관인 수출보증위원회EKN는 대북한 수출 대금 미 회수금에 대해서 매년 2회 사실 환기 차원에서 평양 주재 스웨덴 대사관을 통해 북한 당국에 통지서 reminder를 보내고 있지만, 북한의 어려운 처지를 고려하여 상환을 과도하게 독촉하지 않으면서 상황을 관리해 오고 있다. 이 역시 북한의 입장을 배려한 조치이다. 저자가 만나 본 스웨덴 외교부 북한 담당 직원들은 개인적 의견임을 전제로 현실적으로 누구도 북한이 가까운 시일 내 채무 상환을 할 것으로 기대하지는 않는다고 말했다. 북한의 대스웨덴 부채 발생은 1970년대 초 스웨덴 자동차, 트럭 및 기계류 회사들이 북한과 1억 2,500만 미불 상당의 수출 계약을 맺었는데, 이 대금을 북한이 대외경제 여건 악화로 인해 상환하지 못하게 되어 시작되었고 2019년 현재 미상환 금액은 연체이자 등이 더해져 약 3억 2,000만 달러(약 3,300억 원)로 늘어난 상황인 것으로 알려졌다.

북한도 스웨덴의 역할을 매우 호의적으로 평가한다. 강용득 주 스웨덴 북한 대사는 2018년 7월 스웨덴 언론과 인터뷰에서 한반도 문제에 있어서 스웨덴의 역할을 높이 평가하면서 앞으로도 그 역할이 지속되기를 희망한다고 하였다. 강 대사는 스웨덴과 협력의 중요성을 강조하면서 "스웨덴은 오랜 기간 한반도의 평화와 안정을 촉진하고 조성하기 위해 많은 노력을 기울여 온 국가"라고 평가하고 "북한에게 이런 스웨덴의 노력은 매우 값진 것이며, 특히 지금같이 무엇보다 신뢰가 가장 중요한 시기에는 더욱 그렇다고 하고 스웨덴의 이런 협조가 계속되기를 북한은 희망한다"라고 하였다. 한 나라에 주재하는 대사의 위치이지만 본부나 중앙의 지침과 배치되는 견해를 함부로 대 서방 언론 메시지로 내보내기 어려운 북한 체제의 속성을 감안하면 북한 당국의 스웨덴에 대한 인식도 강 대사의 견해와 다르지 않다고 받아들일 수 있다고 본다.

2019년 북한에 억류된 호주 유학생 알렉 시글리Alek Sigley가 켄트 해쉬테트 특사와 함께 북한에서 풀려나왔을 때 호주 언론은 스웨덴의 특별한 역할에 대해 집중 조명하였다. 인터뷰에 응한 해쉬테트 특사는 석방 과정에 관해 묻는 질문에 "매우 어렵고 복잡한 상황에서 (문제의 해결은) '신뢰'가 핵심이었다."라고 답했다. 사실 해쉬테트 특사의 북한 방문은 알렉 시글리가 억류되기 이전부터 계획되었고, 해쉬테트 특사가 평양에 도착하기 하루 전에 시글리가 억류되었기 때문에 해쉬테트 특사가 시글리 석방 교섭을 목적으로 방북한 것은 아니었다. 호주 정부는 북한에서 호주의 이익대표국 역할을 하는 스웨덴 정부에 도움을 요청하였고, 평양 주재 스웨덴 대사관이 북한 당국과 접촉하였으나, 해결의 실마리를 찾지 못했다. 스웨덴의 안니카 쇠더 외교부 차관은 해쉬테트 특사에게 긴급히 연락하여 북한 고위급과 접촉하라고 지시하였다. 해쉬테트 특사는 자신이 만나는 북한 고위 인사들을 설득하면서 협조를 부탁하였으나, 그들은 처음에는 억류 사실조차 인정하지 않았다. 그러나 북한 당국은 해쉬테트 특사가 출국하는 당일 예고 없이 공항에 시글리를 데리고 나와 시글리를 동행하여 출국하라고 허용하였다. 이는 해쉬테트 특사가 북한 고위급들과 그동안 맺은 친분과 신뢰의 결실이었다. 이처럼 북한은 스웨덴에 대해 신뢰를 가지고 있다는 점을 이 사례를 통해서도 확인할 수 있다.

흔히들 외교는 정치적 의지political will와 인적 네트워크personal relations에 기초한다고 한다. 스웨덴 정부는 스스로 북유럽 변방의 작은 나라로서 국제무대에서 적극적인 외교 활동을 펼쳐야 국가 위상을 높일 수 있다고 생각한다. 스웨덴은 서방 국가 중 북한과 가장 먼저 공식적인 관계를 맺었고 이를 잘 관리해 왔다. 인적 네트워크도 잘 발달시켰다. 국제적으로 스웨덴은 평화 추구와 분쟁의 평화적 해결의 경험과 전통을 가지고 있다. 그만큼 스웨덴은 전통적으로 견지해 온 세계평화 유지 목표를 위하여 한반도에서 평화 정착과 남북한 화해를 위해 외교적으로 활발한 활동을 하겠다는 정치적 의지를 갖고 있고, 이에 필요한 북한과의 신뢰 관계도 갖고 있다. 바로 이런 북한과의 신뢰 관계가 북미 사이에서 스웨덴이 평화 중개외교를 할 수 있는 기초이며 원천인 것이다.

스웨덴과 한반도

# 라. 스웨덴의 평화 중개외교와 북한

　지금까지 살펴본 스웨덴의 대북한 평화 중개외교를 다시 한번 간략하게 정리해 보자. 북한과 미국은 2017년 미국의 트럼프 행정부 출범과 함께 한반도에서 강 대 강의 군사 대치를 하였고 긴장의 수위가 최고조로 올라갔다. 2018년 한국에서 출범한 문재인 정부는 북한과의 화해 협력 정책을 추진하였고 북한이 평창동계올림픽 참가 초청에 응함으로써 대화 분위기가 조성되었다. 미국도 대북한 대화 모드로 분위기를 전환하였고 2018년 6월과 2019년 2월에 걸친 두 차례의 북미정상회담을 통해 북한 핵 문제 해결과 한반도 평화 정착을 위한 실질적인 방안들을 논의하였다. 트럼프 미국 대통령과 김정은 북한 국무위원장이 두 차례 정상회담을 개최하는 과정에서 스웨덴은 물밑에서 적극적인 평화 중개외교를 전개하였다.

스웨덴의 반세기에 걸친 대북한 관여는 인도적 지원, 역량강화 사업, 빈번한 고위급 교류 등 크게 세 가지 형태로 전개되었다. 스웨덴은 1970년대 중반 서방 국가 중에서 최초로 북한과 공식 외교 관계를 맺은 후 지금까지 중단 없이 평양에 외교공관을 유지하여 서방 국가 중 평양에 가장 오랜 기간 외교공관을 유지해 온 국가이다. 스웨덴은 북한과 지속적으로 외교 관계를 유지해 왔을 뿐 아니라 오랜 기간 북한에 적극적인 인도주의 지원과 역량강화사업 시행 등 대북한 규범적 관여를 통해 북한의 신뢰를 얻을 수 있었다. 스웨덴의 고위층과 북한의 고위층은 상호 인적 네트워크가 긴밀하게 구축되어 있다. 미국은 스웨덴에 러시아로부터의 안보 위협을 상쇄해 줄 수 있는 안보 파트너로서 그 중요성을 가진 나라이다. 전통적으로 중립 노선을 유지해 온 스웨덴은 평시 비동맹원칙을 고수하여 북대서양조약기구NATO 가입을 스스로 유보하였기 때문에 지정학적으로 인접한 강대국 러시아의 안보 위협을 항상 의식할 수밖에 없었다. 러시아의 안보 위협에서 벗어나기 위한 스웨덴의 해법은 강대국 미국과의 안보협력이었고 그만큼 미국은 스웨덴 안보에 필수 불가결한 요소가 되었다. 반대로 미국에 스웨덴은 이익 대표국으로서 평양에서 미국의 이익을 대리하여 보호하는 역할을 맡은 국가였다. 미국은 1994년 북한과 체결한 북핵 문제에 관한 '제네바 합의'에 따른 후속 조치 이행을 위해 북한과 빈번한 접촉과 소통이 필요하였다. 북한과 외교 관계가 없어서 평양에 외교공관이 없는 미국은 당시 평양에 외교공관을 두고 있던 유일한 서방 국가였던 스웨덴에 이익대표국 역할을 요청하여 스웨덴이 수락하였다. 북한에 억류된 미국 국민은 평양 주재 스웨덴 대사관이 영사 조력을 제공하였고 미국 국민의 조기 석방을 위한 교섭도 미국은 스웨덴 대사관에 의존하였다. 스웨덴과 미국은 서로 다른 이유로 상호 필요한 존재였고 그만큼 돈독한 유대 관계를 유지하였다.

2018년~2019년 북미 대화가 한창 진행되던 시기에 스웨덴은 북미 사이를 오가면서 적극적인 중개외교를 수행하였는데 스웨덴은 대북한 접촉 창구로서 평양과 스톡홀름에 있는 외교공관뿐 아니라 한반도 담당 특사를 별도로 임명하여 활용하였다. 북미 대화가 소강상태에 있을 때 스웨덴 특사의 역할은 북미 양국이 대화를 재개하도록 분위기를 조성하거나 대화 장소를 제공하는 방식으로 매우 활발하게 이루어졌다. 그뿐만 아니라 스웨덴은 다양한 소통 창구를 통해 북한이 미국의 입장을 정확하게 이해할 수 있도록 돕거나 국제정세의 흐름을 잘 이해할 수 있도록 조언과 조력을 제공하였다. 또한 미국에는 북한 고위층의 생각과 입장을 정확하게 전달하여 양측이 서로의 입장을 더 잘 이해할 수 있도록 돕는 조력자 역할을 하였다. 협상의 당사자는 상대국의 생각과 입장을 가능한 정확하게 파악하려고 노력하고 파악된 상대방의 입장을 기초로 자신의 협상안을 마련하게 되어 있다. 만약 북미 양국이 서로의 상황과 입장을 잘 모르고 협상에 임한다면 그만큼 힘들고 어려운 협상을 할 수밖에 없을 것이고 협상의 성공 확률은 낮아질 것이다. 스웨덴은 미국과 북한의 고위층과의 빈번한 소통을 통해 양국 모두에게 필요한 정보와 자신의 판단을 제공함으로써 북미 양측이 상대의 상황을 잘 이해한 상태에서 협상하여 협상이 성공할 수 있도록 지원하는 협상 조력자 역할을 하였다. 스웨덴의 평화 중개외교에 대해 북한도 환영하는 입장이었고 스웨덴의 역할이 계속되기를 희망하였다. 또한 스웨덴은 북미 대화가 중단된 상황에서 대화 재개를 위한 대화 촉진자 역할도 수행하였다. 스웨덴은 2018년 6월 제1차 북미정상회담을 며칠 앞두고 북한에 억류되어 있던 미국 국민 3명을 조기 석방하기 위해 북한과 적극적으로 교섭하여 실제로 이들을 석방하는 데 성공하였다. 미국의 국내 정치상 자국민의 안전이 갖는 중요성을 고려할 때 미국 국민의 석방이 북한에 대한 미국의 여론을 얼마나 유연하게 만들지에 대해서는 의심의 여지가 없다. 스웨덴의 이런 노력은 북미 대화가 성공하기를 기원하는 스웨덴의 적극적 평화 중개외교 노력의 일환이었다.

스웨덴은 국제분쟁 조정과 평화조성의 전통을 가진 국가로서 이러한 전통에 기초하여 한반도에 평화를 정착하고 남북한의 화해협력을 위해 많은 관심과 지원을 제공한 국가이다. 스웨덴은 2001

년 상반기 유럽연합 각료이사회 의장국 수임 시기에 6개월이라는 짧은 기간임에도 한반도 평화 정착과 남북한 화해 협력을 가장 우선순위 외교 현안으로 다루었다. 이를 실현하기 위해 페르손 총리가 서방 지도자로서는 최초로 유럽연합 지도부와 함께 북한을 공식 방문하여 한반도 화해 협력과 스웨덴-북한 관계 및 유럽연합-북한 관계를 개선하는 데 크게 기여하였다. 또한 2018년 안보리 비상임 이사국으로서 안보리 의장국 임무를 수행하는 동안 한반도 긴장 완화와 북한 핵 문제 해결이라는 시급한 문제를 안보리 주요 현안으로 다루었고, 북미 대화의 성공을 위해 적극적인 평화 중개외교를 전개하였다. 이는 스웨덴이 미국을 안보협력 파트너로서 중시한 국가 이익적 차원의 정책 결정이었다.

스웨덴이 적극적인 평화 중개외교를 할 수 있었던 이유는 무엇보다 북한에 적극적으로 관여하는 과정을 통해 북한의 신뢰를 얻을 수 있었기 때문이다. 스웨덴의 한반도 특사로 활동한 스웨덴 사회민주당 의원 출신 켄트 해쉬테트는 25년이라는 긴 기간 동안 북한 관련 활동을 해 온 베테랑으로서 북한의 고위층과 막역한 관계이며, 북한 고위층의 두터운 신뢰를 얻었다. 해쉬테트 특사가 방북 시 김영남 북한 최고인민회의 상임위원장, 리수용 외교위원장, 이용호 외무상 같은 고위층 인사를 주북한 스웨덴 대사관 만찬에 초대하면 이들이 이에 응할 정도였다. 스웨덴은 북한 고위층과의 이런 인적 네트워크를 중요한 자산으로 활용하여 북미 평화 중개외교를 한 것이다.

북한으로부터의 신뢰에 기초하여 스웨덴이 북미 대화를 촉진하거나 대화 재개에 기여한 직접적 사례 두 가지는 하노이 2차 북미정상회담 직전 스톡홀름 외곽에서 개최된 남북미 3자 북핵 협상 수석대표 협의와 2차 북미정상회담 개최 후 7개월 동안 대화가 중단된 상태에서 스웨덴의 중개외교로 스톡홀름에서 북미 고위급협의가 개최되어 대화가 재개된 것을 들 수 있다. 이 두 사례를 좀 더 자세히 부연하면, 스웨덴은 제2차 하노이 북미정상회담 한 달 전인 2019년 1월 스톡홀름 외곽 하크홀름순트에서 스웨덴 외교부와 SIPRI 공동 주관 남북미 북핵 수석대표 회동을 주선하여 새로 임명된 미국의 대북 협상 대표 스티븐 비건과 북한 측 상대인 최선희 외무성 부상의 만남을 성사시켰다. 또 다른 사례는 2019년 2월 제2차 하노이 북미정상회담이 성과 없이 종료된 후 양측 간 대화가 단절된 상황에서 2019년 10월 어렵게 북미 고위급 실무회담을 스톡홀름에서 성사시켰다. 미국 스티븐 비건 대북 협상 대표와 북한 김명길 순회대사가 참석한 이 회담에서 양측은 입장 차이를 좁히는 데까지는 나가지 못하였으나, 북한이 하노이 정상회담 결과에 실망하여 대화의 문을 걸어 잠근 지 상당 기간이 지났고 중간에 마이클 폼페오 미국 국무장관이 대화 재개를 위해 북한을 방문하였으나 별 소득 없이 귀국하는 어려운 상황에서 양측 고위급 대표가 만나 대화가 재개되었다는 사실만으로도 스웨덴의 중개 노력은 효과가 있었다고 평가할 수 있다. 북한이 스웨덴의 대화 제의를 수락한 사실 자체가 북한이 스웨덴의 노력을 얼마나 존중하고 스웨덴을 신뢰하는지 잘 보여준다.

스웨덴의 대북한 평화 중개외교가 시사하는 함의는 첫째, 협상의 성공을 위해서는 직접적 협상 당사자뿐 아니라 대화를 촉진하고 대화를 재개하는 데 기여할 수 있는 제3의 '중개자'의 역할도 중요하다는 점, 둘째, 제3의 '중개자' 역할은 협상 당사자의 신뢰, 신임 없이는 가능하지 않다는 점, 셋째, '신뢰'는 단시간 내 형성되는 것이 아니라 오랜 기간 꾸준히 진정성을 갖고 상대에 접근할 때 얻을 수 있다는 점이다.

# 5장

## 결론

스웨덴은 북미대화가 활발하게 진행된 시기에 적극적인 평화 중개외교를 하였다. 첨예한 갈등과 대립 관계에 있었던 북한과 미국 모두의 동의가 필요한 스웨덴의 협상 중개 역할은 어떻게 가능하였을까? 결론부터 말하자면 스웨덴의 북한과 미국 사이에서의 평화 중개외교는 스웨덴이 북한으로부터 신뢰를 얻었기 때문에 가능하였고, 스웨덴이 북한의 신뢰를 얻을 수 있었던 것은 스웨덴이 50년이라는 긴 기간 동안 인도적 지원, 역량강화사업, 고위급 교류 등 대북한 규범적 관여 외교를 진정성 있게 꾸준히 시행한 결과이다.

스웨덴의 대북한 관여 동기는 중립 노선과 규범 외교, 국제분쟁 조정 및 평화조성 전통, 대미국 관계 강화라는 실리적 국가 이익 등 세 가지로 구분해 볼 수 있다. 그중에서 국제분쟁 조정 및 평화조성 전통은 평화 중개외교의 배경이라고 할 수 있으므로 사실상 스웨덴의 대북한 관여 외교정책은 스웨덴의 대북한 규범적 관여 외교와 평화 중개외교라는 두 축이 그 골격이라고 할 수 있다. 왜냐하면 스웨덴이 전개한 북미 평화 중개외교가 근원적으로는 스웨덴의 국제분쟁 조정 및 평화조성 전통에서 비롯되었다고 보지만 이는 스웨덴의 평화 중개외교의 기초를 제공하는 간접적 동기에 해당한다고 보며, 미국과의 안보협력 강화라는 실리적인 외교 목적이 훨씬 더 중요한 직접적 동기라고 보기 때문이다.

먼저 스웨덴의 대북한 관계 형성의 배경은 스웨덴의 비동맹 중립 노선에 기초한 대외정책의 외연 확대라고 할 수 있다. 스웨덴은 '가능한 모든 방법으로 싸움을 피하고 협상과 대화를 통해 문제를 푼다.'라는 외교적 전통을 가진 나라이다. 이런 전통에 기초하여 스웨덴은 강대국 사이에서 생존의 방법으로 비동맹 중립 노선을 선택했고, 비동맹 중립 노선 덕분에 제1, 2차 세계대전에서 전쟁의 참화를 피하고 200년 이상 전쟁을 피할 수 있었다. 20세기 중반 울로프 팔메 총리 집권 시기에는 기존의 중립 노선에, 가치에 기초한 규범 외교를 접목해 적극적 중립 정책을 추진하였다. 스웨덴은 양 진영 어디에도 가담하지 않는 소극적이고 엄격한 중립 노선에서 더 나아가 양 진영 국가 모두와 협력적 관계를 지향하는, 적극적인 중립 노선을 추구하였다. 스웨덴은 이를 행동으로 실천하기 위해 강대국의 권력 정치에 맞서 약소국의 입장을 대변하고 저개발국에 개발 원조를 적극적으로 시행하였으며 국제평화 유지 활동에도 앞장서서 참여함으로써 적극적 중립 노선을 행동으로 실천하였다.

스웨덴의 적극적 중립 정책은 스웨덴이 자유 진영 국가뿐 아니라 공산 진영 국가들과도 협력과 교류를 원활하게 할 수 있게 하였다. 즉 스웨덴은 중립노선을 걷는 국가로서 동서 양 진영 어느 한쪽에 속하지 않으면서 양 진영에 속한 국가 모두에 대해 접근이 가능하였고 이런 맥락에서 북한과도 자연스럽게 외교 관계를 맺고 경제교류를 추진할 수 있었다. 스웨덴은 처음에는 시장 확보라는 기업들의 경제적 동기에서 대북한 접근을 시작하였다. 1973년 서방 국가 중 가장 먼저 북한과 공식 관계를 맺었고, 평양에 외교공관도 가장 먼저 설치하였다. 따라서 스웨덴은 서방 국가 중 가장 오랜 기간 북한과 공식 관계를 이어 온 국가라고 할 수 있다. 스웨덴은 가치에 기초한 외교정책을 펼친 대표적인 규범 세력으로서 연성권력을 외교 수단으로 활용하여 강대국의 권력 정치에 맞서는 규범적 관여 외교를 추진하였다. 이는 경제적 측면에서는 약소국, 특히 신생 독립국에 대한 개발 원조나 인도주의적 지원 등이 주된 수단이었으며 북한도 그 대상에 포함되었다. 스웨덴의 대북한 인도적 지원은 1990년대 중반 시작되었고 매년 평균 400만 불에서 500만 불 수준을 유지하였다. 스웨덴은 대외 인도적 지원에 있어서 정치적 상황과 관계없이 순수하게 인도적 차원에서 지원이 필요한 곳에 지원을 제공한다는 원칙을 시종 견지하였고 이에 따라 북한의 핵실험 및 미사일 시험 발사 등 군사적 도발 상황에서도 지원을 계속함으로써 한때 단일 국가 기준 가장 큰 대북 지원국가가 되기도 하였다. 2001년 상반기 유럽연합 각료이사회 의장국이 된 스웨덴은 요란 페르손 총리가 유럽연합 대표단을 대동하고 역사상 서방 지도자로서는 처음으로 북한을 방문하였다. 페르손 총리의 방북은 스웨덴-북한 관계뿐 아니라 유럽연합-북한 관계에서도 획기적인 전환점이 되었다. 북한의 미사일 실험 유예 연장, 북한과의 인권 대화 개시, 북한 엘리트층에 대한 역량강화사업 실시 합의, 김정일 위원장의 서울 답방 의지 확인 등 많은 의미 있는 합의 도출을 통해 북한의 개혁개방과 남북한 화해를 위한 한반도에서의 협력 분위기 조성에 기여하였다. 당시 한반도 상황은 역사적인 남북정상회담이 최초로 개최된 지 얼마 지나지 않은 시점이라서 그 의미는 더욱 컸다. 페르손 총리의 방북은 북한 내부에서 대대적인 환영을 받았고 큰 외교적인 성과로 받아들여져 스웨덴에 대한 우호적인 분위기 조성과 스웨덴-북한 관계 증진에 기여하였다. 페르손 총리 방북 시 북한 김정일 위원장과의 합의에 따라 스웨덴은 북한 엘리트층을 대상으로 시장경제 원리 교육 및 개혁개방 현장 체험 등을 내용으로 하는 역량강화사업을 2003년 이래 계속 실시하였다. 역량강화 사업은 북한의 참석자들로부터 큰 호응을 받아 북한 사회 전반에 개혁개방에 관한 관심과 인식을 전파하고 확산시키는 효과가 있었다. 이처럼 스웨덴은 지속해서 인도적 지원과 역량강화 사업 등 대북한 규범적 관여와 적극적인 대북한 경제적·외교적 접근을 함으로써 북한이 스웨덴을 신뢰할 수 있는 협력자로 인식하게 했고 북한 고위층과 깊은 인적 유대감도 형성할 수 있었다.

안보 측면에서 스웨덴은 강대국 소련(러시아)과 지리적으로 인접해 있다는 지정학적 요인 때문에 상시적인 안보 위협에 노출되어 있었고 이를 상쇄하기 위해 냉전 시기에 엄격한 중립 노선을 견지하였다. 스웨덴은 안보 위협 상쇄를 위해 중립 노선을 유지하면서도 유사시 스스로를 지키기 위해 무장 중립 정책을 채택하였고 동시에 강대국 미국과의 안보협력을 강화하는 방향으로 나아갔다. 스웨덴은 국제적으로 보장받은 중립이 아니라 스스로 선언한 중립이었고 비동맹 중립노선을 걷는 국가로서 스스로 NATO 가입도 유보하였기 때문에 중립을 인정받지 못하는 상황에 대비한 미국의 보호와 '안보 우산'은 스웨덴에 절대적으로 필요하였고, 미국과의 안보협력은 그만큼 스웨덴 외교 안보 정책의 우선순위에 있었다. 스웨덴은 NATO에 정식으로 가입하지는 않았지만, 스웨덴이 NATO의 '그림자 회원국a shadow member of NATO'으로 인식될 정도로 대미국 및 NATO 안보협력을 조용한 가운데 긴밀하게 추진하였다. 스웨덴은 안전한 국제 안보 환경 조성이 궁극적으로 스웨덴의 국익에 부합한다는 인식에 따라 전통적으로 국제분쟁의 평화적 해결을 통한 평화조성에 적극적 입장을 취해 왔다. 이런 기본 정신 아래 한반도에서의 평화조성을 위해서도 역할을 하고자 하였다. 스웨덴은 2017년 미국의 트럼프 정부 출범과 함께 조성된 한반도 군사 긴장 고조 시기에 유엔 안보리 의장국을 맡게 되어 한반도 평화 문제를 주요 안보리 의제로 다루었고 평화 조성외교에 더욱 적극적으로 임하였다. 스웨덴의 평화 중개외교는 2017년 대북 화해 협력을 추진한 한국 문재인 정부의 출범과 북한의 평창동계올림픽 참가를 계기로 북한과 미국 사이에 대화 분위기가 조성되고 정상회담에까지 이르게 되면서 본격화하였다. 스웨덴의 북미 대화 촉진을 위한 평화 중개외교는 2017년 한반도 담당 특사 임명을 시작으로 2018년 1차 싱가포르 북미정상회담 직전 미국의 이익대표부 역할을 수임한 평양 주재 스웨덴 대사관이 북한 억류 미국 국민의 조기 석방 교섭을 통해 정상회담 분위기를 조성하는 데 기여하였고, 2019년 2차 하노이 북미정상회담 한 달 전 스톡홀름 외곽 하크홀름순트 남북미 북핵 수석대표 회동 주선과 2차 북미정상회담 후 7개월의 북미 대화 단절 기간을 거쳐 2019년 10월 스톡홀름에서 북미 고위급회담 주선 등으로 나타났다. 이 과정을 통해 스웨덴은 북한과 미국 사이에서 대화 촉진과 대화 재개를 위한 협상 중개자로 역할하였다. 스웨덴이 추진한 평화 중개외교는 미국과 관계 강화라는 실리적인 외교이익 추구의 일환이었다.

결론적으로 스웨덴이 북미 사이에서 평화 중개외교를 할 수 있었던 데에는 무엇보다 북한의 스웨덴에 대한 신뢰가 가장 중요한 기초가 되었고 북한의 신뢰는 오랜 기간 외교 관계를 유지하고 그 기간 스웨덴이 적극적으로 시행한 대북한 규범적 관여 외교에 기초하고 있다고 말할 수 있다. 이를 도식으로 표시하면 아래와 같다.

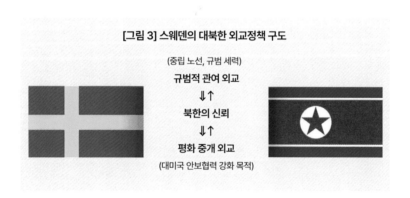

[그림 3] 스웨덴의 대북한 외교정책 구도

(중립 노선, 규범 세력)
규범적 관여 외교
⇓↑
북한의 신뢰
⇓↑
평화 중개 외교
(대미국 안보협력 강화 목적)

북한같이 예측하기 어렵고 자기 이외의 대상은 잘 믿지 않는 성향이 강한 체제로부터 신뢰를 얻는 것은 하루아침에 이루어지지 않는다. 북한에게 스웨덴은 지리적으로 멀리 떨어져 침략의 위험도 없고 정권 교체의 위협도 하지 않는 국가로서 오랜 기간 변하지 않는 믿음을 갖고 북한이 필요로 하는 것에 관심을 보여주고 북한의 말에 경청해 주는 국가였다. 이런 북한의 인식에 기초하여 스웨덴은 북한의 신뢰를 얻기 시작하였다. 중립국으로서 한쪽 편에 경도되지 않고 미국과 북한을 공평하게 도와준다는 인식을 북한에 줌으로써 북한으로부터 신뢰를 얻을 수 있었다. 스웨덴의 대북한 관계는 항상 순탄한 것만은 아니었다. 스웨덴은 북한의 부채(미수금) 문제와 북한 외교관 밀수사건 등 양국 관계에 있어서 어려운 국면에서도 북한을 존중하는 자세로 임했고 북한의 체면이 손상되지 않도록 최대한 배려하면서 사건을 수습하였다. 이러한 스웨덴의 진정성도 북한이 스웨덴을 신뢰하게 하는 데 기여하였다.

스웨덴은 지금까지 그래왔던 것 같이 앞으로도 한반도에 3개의 공식 대표부(서울, 평양, 판문점)와 한반도 담당 특사 활용, 인도적 지원과 역량 강화 사업 등 대북한 규범적 관여를 통해 북한과의 관계를 이어갈 것이고 북한과 국제사회를 연결 짓는 소통 채널의 역할과 한반도 평화 정착을 위한 대화 촉진자의 역할을 계속할 것으로 전망한다. 미국뿐 아니라 북한도 스웨덴에 대해 신뢰하고 있고, 대북한 관여 정책을 지속해 나가는 것이 스웨덴의 국제적 위상을 높이고 국익에도 부합하는 일이라는 것을 스웨덴 스스로 잘 알고 있기 때문에 스웨덴으로서도 대화 촉진자 역할을 계속할 수 있기를 바란다고 본다.

지금까지 살펴본 바와 같이 우리는 스웨덴의 대북한 관여 동기가 중립 노선과 가치에 기반한 규범 외교, 스웨덴의 국제분쟁 조정과 평화조성 전통, 그리고 보다 더 현실적이고 실질적으로는 강대국인 미국과의 협력, 특히 안보 분야에서 협력 필요성에 기초한 것이라는 사실을 확인할 수 있었다. 스웨덴의 평화 '중개' 외교사례를 통해 알 수 있는 것은 스웨덴의 역할이 적극적인 '중재자'와 구별되는 협상의 조력자 수준이지만 북한 고위층과의 인적 유대를 자산으로 활용하여 제3자로서 객관적 입장에서 대화를 촉진시키고 대화 중단 시 대화를 재개시키는 매우 유용한 역할이었다는 점이다. 또한 스웨덴이 분명히 중간에서 대화 촉진을 위한 보조적 역할을 충분히 할 수 있고 이는 남북 및 북미 관계가 경색되고 대화의 틈이 잘 보이지 않을 때 작은 틈이라도 활용하여 대화를 재개할 가능성을 만들어 낼 수 있다는 점이다.

북유럽 변방에 있는 작은 중립국 스웨덴이 접근하기 쉽지 않은 상대인 북한으로부터 신뢰를 받으면서 대화 채널로서 일정 부분의 역할을 수행한 스웨덴 사례를 통해 한반도 평화 정착에 기여할 수 있는 '선의의 중개자Honest Broker' 모델을 찾을 수 있다면 한반도의 미래를 위해 의미 있는 일이라고 본다. 스웨덴의 북미대화 촉진자 역할은 앞으로도 계속될 것으로 전망한다. 서방의 다른 중립국이 이런 역할을 대체하려고 시도할 수 있으나, 스웨덴이 오랜 기간 축적해 온 인적 네트워크와 북한으로부터 얻은 신뢰는 짧은 시간 내에 형성되지 않기 때문에 대체하기 어려운 부분이다. 앞으로 스웨덴이 NATO 가입을 하게 되면 향후 스웨덴의 중립국으로서의 위상을 크게 약화될 것이고, 앞으로 북미 사이에서 중립국으로서 대화 촉진자로 활동해 온 스웨덴의 역할에 어떤 변화를 초래할 것인지 알 수 없다. 특히 북한이 계속해서 스웨덴을 신뢰할 것인지 북한의 태도도 관심의 대상이다. 이 분야는 현재 진행 중인 스웨덴의 NATO 가입 절차가 실제로 완료되고 북미 사이에 다시 대화의 접점을 찾는 등 한반도 상황의 변화 추이에 따라 추가로 연구해 볼 가치가 있다고 본다.

## 나가며

2021년 6월 거의 3년 반이라는 임기를 마치고 스웨덴을 떠나야 하는 시점이 다가오면서 그동안 임무를 잘 완수할 수 있도록 나를 지지해 주고 도와주었던 스웨덴 왕실, 정부, 의회의 많은 지인들 그리고 짧지만 좋은 인연을 맺었던 동료 외국 대사들, 한인 동포들에게 제대로 하직 인사라도 남기고 떠나야 하지 않을까 하는 생각을 하게 되었다. 그러나 당시는 한창 코로나가 창궐한 시기라서 관행적으로 이임 대사가 해오던 이임 리셉션도 열기가 어려운 상황이라서 고민 끝에 동영상을 만들어 띄워 놓기라도 해야겠다는 생각이 들었다.

동영상을 만들기 위해 일을 마치고 대사관저로 돌아와 지난 시간을 돌이켜 보며 내가 했던 일들, 내가 여행 다녔던 스웨덴의 아름다운 지역들 그리고 스웨덴이라는 나라와 스웨덴 사람들에 대한 나의 생각을 회고하면서 한 자씩 적어 봤다. 내가 스웨덴에 부임하기 전 선배 외교관 한 분이 스웨덴을 '천국에서 가장 가까운 곳'이라고 했던 기억이 났다. 당시에는 얼마나 좋은 곳이길래 그렇게까지 얘기하나 내가 직접 가서 봐야겠다는 치기가 생기기도 하였다. 나는 운 좋게 양국 수교 60주년이 되는 해에 스웨덴에 대사로 주재하게 되어 이를 기념하기 위한 다양한 한국문화행사를 왕성하게 개최할 수 있었다. 당초 계획한 대로 매달 1~2건의 행사를 개최하여 우리 문화를 스웨덴에 많이 알릴 수 있었다. 한지 의상 패션쇼를 시작으로 난타 공연, K-pop 페스티벌, 한국전 참전 기념비 제막식, 한국전 참전 다큐멘터리 상영, 한국문화축제, 아시아 단편 영화 상영제 참가, 9.23 스웨덴 의료팀 참전 기념 행사, 스웨덴 한국전 참전 70주년 기념 감사 포스터 게양, 제주 해녀 문화 특별 전시회, 칸 영화제 황금종려상 수상 한국 영화 '기생충' 드라이브 인 상영, 예테보리 국제 도서 전시전 귀빈국가 자격 참가, 그리고 피날레로 국립국악원 종묘제례악 공연 등 다양한 공연과 행사로 우리 문화를 일릴 수 있었던 것을 지금도 자랑스럽고 뿌듯하게 생각한다. 또한 수교 60주년을 기념하여 우리 대통령의 최초 스웨덴 국빈 방문이 성사되었고, 스웨덴 총리의 한국 공식 방문도 이루어져 양국 관계가 돈독해지는 계기가 되었다. 의회 차원의 고위급 교류도 이루어져 우리 국회의장이 스웨덴을 공식 방문하였다. 모든 것이 나에게는 행운이었다. 외교관으로서 정상 방문 행사를 그것도 정상들이 오고 가는 행사를 한해에 모두 하는 기회를 얻기 쉽지 않기 때문이다. 그리고 여러 차례의 큰 규모 문화행사를 하는 것도 본국 정부의 많은 지원이 필요하므로 쉽지 않은 일이기 때문이다. 또 하나의 행운은 이 모든 행사와 일은 코로나 감염병이 시작되기 전 이루어졌다는 점이다.

스웨덴은 북유럽 지역 변방에 위치한 인구 1,000만의 작은 나라이다. 이 작은 나라에 보물같이 아름다운 산림과 자연이 감춰져 있다. 스웨덴의 아름다운 자연은 지금도 잊혀지지 않는다. 한반도 2.5배의 넓은 국토에 펼쳐져 있는 스웨덴의 울창한 산림과 10만 개의 호수, 신비한 빛의 향연인 오로라의 군무, 좌우 사방이 온통 흰 눈으로 뒤덮인 길을 천천히 오가는 원주민 사미족과 순록 무리, 유럽에서 3번째로 큰 담수호 베네른호와 투명도가 30m에 이르는 맑은 물을 가진 베테른호 같은 대양 호수, 목각 말 인형 '달라 호스'로 유명한 중부의 달라르나 지방, 가난하고 궁핍했던 시절 풍부한 산림자원을 활용하여 나무 가구를 만들어 사용하면서 시작된 IKEA의 마을 엘름홀트, 세상에서 가장 아름다운 마을이라고 알려진 마리에프레드, 한국에 자이언트 크레인을 떠나보내는 날 주민들이 모두 부둣가로 나와 아쉬움의 눈물을 흘려 '말뫼의 눈물'이라는 일화가 남은 남부 도시 말뫼 등 다 말할 수 없이 아름다운 자연과 지역, 그리고 한없이 맑은 물과 공기 등. 환경 보호의 수호신 리틀 자이언트 그레타 툰베리는 아마도 이런 자연을 영원히 보존하고 싶은 마음에 그렇게 간절하게 세상에 외처대는 가 보다.

스웨덴 사람들은 순수하다. 남을 배려할 줄 아는 사람들, 공동체의 연대 의식이 강한 사람들, 걱정 근심 없이 욕심내지 않고 순간순간을 즐기면서 행복하게 사는 사람들, 평화롭고 조용한 도시 스톡홀름, 스웨덴에 대한 나의 인상이다. 스웨덴에는 '라곰Lagom' 이라는 말이 있다. 정확하게 정의하기는 어렵지만 대체로 '과부족이 없다'는 의미이다. '라곰 라이프'는 과도한 욕심을 부리지 않고 넉넉함을 누리는 편안한 삶을 의미한다. '라곰 라이프'를 위해서는 절제가 필요하다. 부족하지 않지만, 더 많이 가지려고 과도한 욕심을 부리지 않는다는 것을 의미한다. 스웨덴 사람들은 전통으로 내려오는 '라곰 라이프'를 즐기면서 산다. 이것이 행복의 비결인 것이다.

나의 34년 외교관 생활을 마감하는 임지가 스웨덴이라서 행복했다. 대사 관저 이웃에 살면서 서로 교류했던 세계적 패션 의류 업체 H&M의 소유주 스페판 페르손 회장 부부, 이탈리아 출신 사업가 쌀바또레 그리말디 회장 부부, 미국 대사, 영국 대사, 튀르키에 대사 등 다시 만나고 싶은 그리운 친구들이 많이 생각난다.

더욱이 나의 관심사였던 북미정상회담과 연계된 스웨덴의 평화 중개외교를 현장에서 관찰할 수 있는 시기에 주스웨덴 대사로 일할 수 있었던 것은 내게 진정으로 행운이었다. 스웨덴이 지금까지 그래왔던 것처럼 북한과 유대를 활용하여 앞으로도 한반도의 평화 정착과 남북한 화해·협력을 위해 도움이 되는 일을 계속해 주기를 바라는 마음이다.

[사진 6] 2018년 저자가 스웨덴 칼 구스타브 16세 국왕에 신임장 제정하는 장면

[사진 7] 2019년 스웨덴 왕실 주최 국빈 만찬에 참석한 저자

스웨덴과 한반도

# 참고 문헌

## 1. 국내문헌

### 가. 단행본

김계동,『북한의 외교정책과 대외관계: 협상과 도전의 전략적 선택』, 서울: 명인문화사, 2012.

매들린 올브라이트, 김승욱·백영미·이원경 옮김,『매들린 올브라이트』, 서울: 황금가지, 2003[Albright, Madelaine. Madame Secretary]

양문수,『북한 경제의 구조: 경제개발과 침체의 메커니즘』, 서울: 서울대학교 출판부, 2001.

이근욱,『왈츠 이후: 국제정치이론의 변화와 발전』, 서울: 한울 아카데미, 2009.

이종석,『북한-중국관계 1945~2000』, 서울: 중심, 2000.

외교부,『스웨덴 개황』, 서울: 외교부, 2019.

외교부,『유럽연합 개황』, 서울: 외교부, 2010.

주스웨덴 대한민국대사관,『스웨덴 고자료를 통해 본 한국-스웨덴 교류 관계의 이해: 1876년~1959년 수교까지』, 2019.

최명해,『중국·북한 동맹관계 : 불편한 동거의 역사』, 서울: 오름, 2009.

태영호,『태영호 증언 : 3층 서기실의 암호』, 서울: 기파랑, 2018.

하수정, 『스웨덴이 사랑한 정치인 올로프 팔메』, 서울: 후마니타스, 2014.

헨리크 베리그렌, 조행복 옮김, 『우리 앞에 펼쳐진 멋진 나날: 올로프 팔메 자서전』, 서울: 아카넷, 2021 Berggren, Henrik. Underbara dagar framför oss. En biografi över Olof Palme.

## 나. 논문

고상두, "유럽연합의 대북 외교정책의 성격", 『외교안보연구』, 제6권 제2호, 2010, pp. 207-233.

고주현, "EU 규범 권력과 대북한 관여 정책", 『EU 연구』, 50호, 2018.

김규동, "북한-스웨덴 외교 관계의 성격 변화 연구", 북한대학원대학교 석사 학위논문. 2019.

김상배, "사이버 안보와 중견국 규범 외교: 네 가지 모델의 국제정치학적 성찰", 『國際政治論叢』. 제59집 2호, 2019, pp. 51-90.

김이연. "평화협상과 지역 국제기구의 역할." 『한국과 국제정치』. 제31권 제 4호, 2015(겨울) 통권 91호, pp. 71-105.

김인춘·김욱, "유럽통합과 스웨덴의 중립노선", 『한국과 국제정치』, 제24권 제4호, 2008.

김진호·강병철, "스웨덴과 핀란드의 중립화의 정치: 국제-지역-국내 정치의 다이내믹스", 『유럽 연구』, 한국유럽학회, 2007.

백봉흠, "스웨덴의 중립외교정책(1914~1983)", 『유럽연구』Vol 1, 1983, pp.105-125.

오세준, "북미 문제에 있어 스웨덴의 중개자 역할 형성 요인 연구", 북한대 학원대학교 석사학위논문, 2020.

오창룡, "북유럽 평화안보협력의 전략적 함의: '노르딕 평화 브랜드'를 중심으로", 『스칸디나비아 연구』, 제28호, 2021, pp.1-28

윤대엽, "미-중 관계의 변화와 한국의 중견국가 전략: 이론, 인식과 정책", 『통일연구』, 제15권 제2호.

이태규, "國際紛爭의 平和的 解決手段에 관한 硏究", 『안양대학교 논문집』, 제7집, 1997, 사회과학편, pp.451-469.

임을출, "클린턴 행정부의 대북정책 연구", 경남대학교 박사학위 논문, 2003년.

전재성, "관여engagement정책의 국제정치이론적 기반과 한국의 대북정책", 『국제정치논총』, 제43집 1호, 2003, pp.231-251.

전현준, "북한의 대서방 국가 및 EU 관계 개선과 남북관계", 『통일정책연구』. Vol. 10 No 1, 통일연구원, 2001, pp.89-114.

정일영, "북한의 대유럽정책:전략과 김정은 시대의 함의", 『아태연구』 제25권 제2호, 2018.

최은실, "스웨덴의 규범외교전략: 올로프 팔메 집권기 적극적 대외노선의 형성", 서울대학교대학원 석사학위논문, 2015.

하용출·박정원, "약소국의 자주외교 전략: 유럽 사례를 통해 본 가능성과 한계", 『전략논총』, 1998.

한성현·정한범, "바이든의 가치·규범 중심 외교와 대중국 정책: 월츠의 이미지 이론을 통한 비교", 『연구방법논총』, 제5권 제3호, 2020년 가을.

## 다. 언론보도

구갑우, "아침을 열며 : 복지국가 스웨덴의 핵 개발", 『한국일보』, 2019년 6월 20일; https://www.hankookilbo.com/News/Read/201906191540066153(검색일: 2020년 10월 6일).

예영준, "스웨덴, 북한 핵실험 막으려 막판까지 평양서 중재 협상", 『중앙일보』, 2006년 10월 12일; http://news.joins.com/article/2472567(검색일: 2020년 10월 6일).

이동기, "민주사회주의 삼총사를 기억하다", 『한겨레21』, 2016년 3월 1일; h21.hani.co.kr/arti/world/world_general/41270.html(검색일: 2020년 10월 6일).

"김정일, 스웨덴式 사회주의 모델에 흥미 느껴", 『조선일보』, 2003년 9월 18일; https://www.chosun.com/site/data/html_dir/2003/09/17/2003091770497.html(검색일: 2020년 12월 14일).

"페르손 총리, 유럽 대표단 방북, '김정일' 답방 메시지 전달", 『한국경제』, 2001년 5월 4일; https://news.naver.com/main/tool/print.nhn?oid=015&aid=0000370461(검색일: 2020년 12월 14일).

"스웨덴 대북 보건 사업 등에 620만 달러", 『RFA(자유아시아방송)』, 2012년 10월 18일; https://rfa.org/korean/in_focus/healthaid-10182012165356.html/searchterm=스웨덴(검색일: 2020년 12월 14일).

"IFRC "유엔, 인도 지원 대북 제재 예외 분위기 탄력"", 『연합뉴스』, 2018년 11월 30일; https://www.yna.co.kr/view/AKR20181130014500504?input=1195m.(검색일: 2020년 12월 14일).

"北 김명길 순회대사 북미 실무협상 결렬 성명", 『연합뉴스』, 2019년 10월 6일; https://www.yna.co.kr/view/AKR20191006002400108(검색일: 2022년 10월 7일).

"북한 개혁·개방에 지원 요청", 『KBS』, 2000년 12월 13일; http://news.kbs.co.kr/news/view.do?ncd=140976(검색일: 2022년 10월 7일).

"북 리용호 만난 스웨덴 총리 "북·국제 사회 간 중재자 역할할 것"", 『연합뉴스』, 2018년 3월 17일; https://www.yna.co.kr/view/AKR20180316154151098(검색일: 2022년 10월 7일).

"북미 접촉 '멍석 깐' 스웨덴은 자타공인 대북 '중재자'", 『연합뉴스』, 2019년 1월 21일; https://www.yna.co.kr/view/AKR20190121046900009(검색일: 2022년 10월 7일).

"북한, 9.11 테러 참사 후 즉각 미측에 애도 표명", 『자유아시아방송』, 2001년 10월 23일; https://www.rfa.org/korean/news/67823-20011023.html(검색일: 2022년 10월 7일).

"정의용 국가안보실장 백악관 발표 전문", 『BBC』, 2018년 3월 9일; https://www.bbc.com/korean/news-43341566(검색일: 2022년 10월 7일).

"스웨덴 한반도 사무특사 방북…리수용·리용호·한성렬 면담", 『연합뉴스』, 2017년 12월 21일; https://www.yna.co.kr/view/AKR20171221183900014(검색일: 2022년 10월 7일).

"스웨덴, 담배 밀수 혐의로 북한 외교관 3명 추방", 『KBS』, 1996년 8월 23일; http://mn.kbs.co.kr/news/view.do?ncd=3765271(검색일: 2022년 10월 7일).

"스웨덴 총리, 남북한 방문 중재 외교 가능성", 『매일경제』, 2001년 3월 6일; https://www.mk.co.kr/news/home/view/2001/03/52028/(검색일: 2022년 10월 7일).

"스웨덴 특사 "북-미 협상 재개 '초청장' 몇주 안에 보낼 것"", 『한겨레』, 2019년 10월 23일; http://www.hani.co.kr/arti/politics/diplomacy/914271.html(검색일: 2022년 10월 7일).

"폴란드 "북과 외교 관계 중요하지 않아 최소 규모로 유지"", 『자유아시아방송』, 2017년 10월 30일; https://www.rfa.org/korean/in_focus/nk_nuclear_talks/polandembassy-10302017143327.html(검색일: 2022년 10월 7일).

"페르손 총리 방북 이모저모", 『한겨레』, 2001년 5월 2일; http://legacy.www.hani.co.kr/section-003100000/2001/05/003100000200105022146033.

html(검색일: 2022년 10월 7일).

"페르손 방북 의미와 각국 반응", 『KBS』, 2001년 5월 2일; http://mn.kbs.co.kr/news/view.do?ncd=188610(검색일: 2022년 10월 7일).

"북한이 갚지 못한 스웨덴 빚 3천억", 『한겨레』, 2018년 2월 25일; http://www.hani.co.kr/arti/opinion/column/833598.html#csidx1e835151cd821038d69fb3506f69de59(검색일: 2020년 10월 7일).

"평양에 공관 둔 유럽 국가들, 비핵화 교착 타개 중재역 가능", 『VOA』, 2020년 2월 21일; https://www.voakorea.com/korea/korea-politics/europe-diplomats(검색일: 2022년 10월 7일).

"북한-스웨덴 최근 인권 대화 가져", 『연합뉴스』, 2009년 10월 14일; https://www.yna.co.kr/view/AKR20091014?section=popup/print(검색일: 2020년 12월 14일).

"북한과 스웨덴, 아주 특별한 친구!", 『한겨레 21』, 2004년 6월 24일; http://legacy.h21.hani.co.kr/section-021069000/2004/06/p02106900020040624051450.html(검색일: 2020년 8월 5일).

"스웨덴, 대북 보건 사업 등에 620만 달러", 『RFA』, 2012년 10월 18일; https://www.rfa.org/korean/in_focus/healthaid-10182012165356.html?searchterm=스웨덴(검색일: 2020년 12월 14일).

"[페르손 총리, 유럽 대표단 방북] '김정일 답방' 메시지 전달", 『한국경제』, 2001년 5월 4일; https://news.naver.com/main/tool/print.nhn?oid=015&aid=0000370461(검색일: 2020년 12월 14일).

"페르손 스웨덴 총리 남북한 동시 방문", 『연합뉴스』, 2001년 4월 26일; https://news.naver.com/main/read.nhn?mode=LPOD&mid=etc&oid=001&aid=0000068695(검색일: 2020년 12월 14일).

"페르손 총리, 김정일과 평양회담…김위원장 답방 촉구", 『연합뉴스』, 2001년 5월 2일; https://news.naver.com/main/read.nhn?mode=LPOD&mid=etc&oid=020&aid=0000061774(검색일: 2020년 12월 14일).

"페르손-김정일, 3일 한반도 문제 집중 논의", 『연합뉴스』, 2001년 5월 2일; https://news.naver.com/main/read.nhn?mode=LPOD&mid=etc&oid=001&aid=0000069780(검색일: 2020년 12월 14일).

"〈김대통령-페르손 만찬 안팎〉", 『연합뉴스』, 2001년 5월 3일; https://nnews.naver.com/mnews/article/001/0000070014?sid=100(검색일: 2020년 12월 14일).

"[김대통령-페르손 회담-모두발언·일문일답] 김대통령 "EU 한반도 평화 의지 보여줘"", 『연합뉴스』, 2001년 5월 4일; https://news.naver.com/main/read.nhn?mode=LPOD&mid=etc&oid=005&aid=0000053867(검색일: 2020년 12월 14일).

""김정일 비즈니스 감각 있다"...페르손 총리", 『연합뉴스』, 2001년 5월 6일; https://news.naver.com/main/read.nhn?mode=LPOD&mid=etc&oid=009&aid=00000114866(검색일: 2020년 12월 14일).

## 라. 기타

고상두, 『유럽 중립국의 대북정책 특징과 시사점: 스위스와 스웨덴을 중심으로』, 국회 입법조사처 용역보고서, 2021.

박상철, "올로프 팔메의 정치 철학과 리더십", 제13차 세종 국가 리더십 포럼 발표 자료, 2019.

한양대 산학협력단, 『유럽연합의 대북정책 변화와 연속성』, 통일부 용역보고서, 2017.

## 2. 외국문헌

### 가. 단행본

Armstrong Charles. Tyranny of the Weak : North Korea and the World, 1950-1992. New York: Cornell University Press, 2017.

Braun Mats, The Politics of Regional Cooperation and the Impact on the European Union: A Study of Nordic Cooperation and the Visegrad Group, Cheltenham: Edward Elgar Publishing, 2021.

Cornell Erik, North Korea under Communism : Report of an Envoy to Paradise(원제: Nordkorea Sändebud till Paradiset), Translated by Rodney Bradbury, London and New York: RoutledgeCurzon, 2002.

Derfler Leslie, The Fall and rise of Political Leaders: Olof Palme, Olusegun Obansanjo, and Indira Gandhi, New York: Palgrave Macmillan, 2011.

Hagemann Anine and Isabel Bramsen, "New Nordic Peace and Conflict Resolution Efforts", Copenhagen: Nordic Council of Ministers, 2019.

Berggren Henrik, Dag Hammarskjöld : Att bära världen(Dag Hammarskjöld: Markings of His Life), Translated by Anna Paterson, Bokförlaget Max Ström, 2016.

Lankov Andrei, The Real North Korea: Life and Politics in the Failed Stalinist Utopia, New York: Oxford University Press, 2013.

Lamm Lovisa, The Embassy in the Paradise : The unique relationship of Sweden with North Korea(원제: Ambassaden i Paradiset, Sveriges unika relation till Nordkorea), Stockholm: Norstedts, 2012.

Svensson Isak and Peter Wallensteen, The Go-Between : Jan Eliasson and the Styles of Mediation. Washington DC: United States Institute of Peace Press, 2010.

United Nations, Handbook on the Peaceful Settlement of Disputes between States. New York: United Nations Publications, 1992.

Wallensteen Peter and Isak Svensson, Fridens Diplomater(Diplomats of Peace, 스웨덴어본). 2016.

## 나. 논문

Andersson Magnus and Jinsun Bae, "Why Stay Engaged with a State Deemed Fragile? The Case of Sweden toward the DPRK", Working Paper No. 40, 2014, Center for East and South-East Asian Studies Lund University, Sweden.

Bjereld Ulf, "Critic or Mediator? Sweden in World Politics, 1945-90", Journal of Peace Research, Vol. 32, No. 1, 1995, pp.23-35.

Bjereld Ulf & Ulrika Möller, "The Policy of Neutrality and Beyond", Jon Pierre ed, The Oxford Handbook of Swedish Politics. New York : Oxford University Press, 2018, pp.433-444.

Cha Victor D, "Engaging North Korea Credibly", Survival, Vol. 42, No. 2, 2000(Summer), pp.136-155

Cha Victor D, "Hawk Engagement and Preventive Defense on the Korean Peninsula", International Security, Vol.27, No.1, 2002(Summer), pp.40-78.

Haass Richard and Meghan L. O'Sullivan, "Terms of Engagement: Alternatives to Punitive Policies", Survival, Vol. 42, No. 2, 2000(Summer), pp.113-135.

Holmberg Susan, "Welfare Abroad: Swedish Development Assistance", Bengt Sundelius, ed. The Committed Neutral: Sweden's Foreign Policy, Colorado: Westview Press, 1987, pp.123-166.

Eliasson Johan, "Traditions, Identity and Security: the Legacy of Neutrality in Finnish and Swedish Security Policies in Light of European Integration", European Integration online Papers, Vol. 8, No. 6, 2004, pp.1-21.

Kruzel Joseph, "Sweden's Security Dilemma : Balancing Domestic Realities with the Obligations of Neutrality", Bengt Sundelius ed. The Committed Neutral: Sweden's Foreign Policy, Colorado: Westview Press, 1987, pp.67-93.

Listbeth Aggestam & Adrian Hyde-Price, ""A FORCE FOR GOOD?" : Paradoxes of Swedish Military Activism." Jon Pierre ed. The Oxford Handbook of Swedish Politics, New York : Oxford University Press, 2018, pp.479-494.

Logue John, "The Legacy of Swedish Neutrality", Bengt Sundelius ed. The Committed Neutral: Sweden's Foreign Policy, Colorado: Westview Press, 1987, pp.35-65

Noël Alain and Jean-Philippe Thérien, "From Domestic to International Justice: the Welfare State to Foreign Aid", International Organization, 49, 3, 1995(Summer), pp.523-553.

Park Jin & Seung Ho Jung, "Ten Years of Economic Knowledge Cooperation with North Korea: Trends and Strategies", KDI School Working Paper Series, Seoul: KDI, 2007.

Resnick Evan, "Defining Engagement", Journal of International Affairs, 54, no. 2, 2001(Spring), pp.551-566.

Schweller Randall L. and William C. Wohlforth, "Power Test: Evaluating Realism in Response to the End of the Cold War", Security Studies, 9, no. 3, 2000(Spring), pp.60-107.

Scott Carl-Gustaf, "Swedish Vietnam criticism reconsidered: Social democratic Vietnam policy a manifestation of Swedish Ostpolitik?", Cold War History, 9(2), 2009, pp.243-266.

Strange Susan, "Cave! hic dragones: a critique of regime analysis", International Organization, 36, 2, 1982(Spring).

Sundelius Bengt, "Committing Neutrality in an Antagonistic World", Bengt Sundelius ed. The Committed Neutral: Sweden's Foreign Policy, Colorado, Westview Press, 1987, 1-13.

Wall James A; John B Stark; Rhetta L Standifer, "Mediation: A Current Review and Theory Development", The Journal of Conflict Resolution, Vol. 45, No. 3, 2001(June), pp.370-391.

Wivel Anders, "What happened to the Nordic Model for International Peace and Security?", Peace Review, 29(4), 2017, pp.2~3.

Åström Sverker, "Swedish Neutrality : Credibility through Commitment and Consistency", Bengt Sundelius ed. The Committed Neutral: Sweden's Foreign Policy, Colorado: Westview Press, 1987, pp.15-33.

## 다. 스웨덴-북한 관계 언론 특집 보도

① "From Volvo cars to the security forces for the USA - this is what Sweden's relationship with North Korea looks like", Dagens Nyheter, 2018년 3월 17일; https://www.dn.se/nyheter/varlden/fran-volvobilar

-till-skyddsmakt-for-usa-sa-ser-sveriges-relation-till-nordkorea-ut/(검색일: 2021년 3월 22일).

② "Sweden's and Wallstrom's unknown role in the game about North Korea", Dagens Nyheter, 2018년 5월 31일;

https://www.dn.se/nyheter/politik/sveriges-okanda-roll-i-spelet-om-nordkorea/(검색일: 2021년 3월 3일).

③ "That was the case when Kent Härstedt negotiated Alek Sigley from North Korean captivity", Sydsvenskan, 2019년 9월 1일; https://www.sydsvenskan.se/2019-09-01/kent-harstedts-tysta-diplomati-sa-gick-det-till-nar-sverige-redirected=1(검색일: 2019년 2월 9일).

④ "Sweden's take on the North Korea-US negotiations", The Hankyoreh, 2019년 10월 13일; english.hani.co.kr/arti/english_edition/e_nordkorea/913023.html(검색일: 2020년 12월 30일).

## 라. 비밀 해제 스웨덴 외교 문서 등

스웨덴 의회 의안 Motion 1972:655 by Messrs, Gadd and Hellström, Motion 1972:55 by Mr. Hermansson et al., Motion 1973:18 by Mr. Hermansson et al.

비밀 해제된 스웨덴 외교 문서(평양 주재 공관 개설 검토 보고서), (문서 번호 : Promemoria 1974-06-10, 영어번역 : Memorandum 1974-06-10)

비밀 해제 스웨덴 외교 문서(북한 외교관 밀수사건에 대한 대책 보고서), (문서 번호 : Promemoria 1974-06-10, 영어번역 : Memorandum 1974-06-10)

스웨덴 수출보증위원회의 대스웨덴 북한 채무 관련 공보 자료(Q&A)

스웨덴의 대북정책에 관한 주유엔 스웨덴대사성명서(Swedish Statement

at the UN Security Council Briefing on Non-proliferation/DPRK); https://www.
government.se/statements/2018/09/swedish-government-at- the-un-
security-council-briefing-on-non-proliferationdprk.

스웨덴 외교부 홈페이지에 게재된 중립국 감독위원회 참여국 회의 관련
공동성명, https://www.regeringen.se/uttalanden/2019/03/2019-joint-
statement-by-neutral-nations-supervisory-commission-member-states/).

『스웨덴 외교부 홈페이지』, www.government.se.

『스웨덴 정부 홈페이지』, www.government.se.

『스웨덴 북한친선협회』, svenskkoreanska.se.

『다겐스 뉘헤테르 홈페이지』, www.dn.se.

『스웨덴 국영라디오 홈페이지』, sverigesradio.se.

『스웨덴 국영TV 홈페이지』, www.svt.se.

『아르베타르블라데트 홈페이지』, www.arbetarbladet.se.

『BBC 홈페이지』, www.bbc.com.

『CNN 홈페이지』, edition.cnn.com.

『AP News 홈페이지』, apnews.com.

『Sydney Morning Herald 홈페이지』, www.smh.com.au.

『자유아시아방송 홈페이지』, m.rfa.org.

『Foreign Policy 홈페이지』, foreignpolicy.com.

『유럽연합 집행위원회 홈페이지』, ec.europa.eu.

# 목록

# 첨부 1.

# 비밀 해제 스웨덴 외교 문서

## 평양 주재 공관 개설 검토 보고서(한국어 번역본)

문서 번호 : Promemoria 1974-06-10
영어번역 : Memorandum 1974-06-10
저자 직접 번역

---

**Memorandom 1974-06-10**

### 1. 정치적 측면

1972년 통일문제에 관한 남북한 간 긍정적인 방향 선회로 인해 한반도에서 상황 진전이 이루어졌고 이런 배경 아래 1973년 4월 6일 스웨덴은 서방 국가 중 가장 먼저 북한을 승인하고 북한에 수교 제안을 한 국가가 되었음.

북한 지도부는 스웨덴의 제안에 감사를 표명하였고 스웨덴과의 새로운 협력 관계에 매우 큰 중요성을 부여한다는 의사를 표명하였음. 이러한 북한의 의향은 스웨덴에 대한 대규모 공업 장비 수출 주문이라는 구체적 조치로 이어졌음. 그뿐 아니라 스웨덴과의 정치·문화 분야에서의 교류에서도 나타나고 있었음. 그 구체 사례로서 북한 외무성 대표단의 최근 스웨덴 방문 시 안데르손 스웨덴 외교장관에 대한 방북 초청이 있었고 스웨덴 측은 이를 수락하였음. 또한 양국 간 문화교류에 관한 논의가 스웨덴 홍보원Swedish Institute과 시작되었음.

북한 측은 평양에 스웨덴 외교공관이 개설된다면 스웨덴-북한 관계에 있어서 매우 큰 의미를 가질 것이라고 반복적으로 강조하였음. 그럴경우 스웨덴은 남북한 모두에 외교공관을 설립하는 첫 번째 서방 국가가 될 것임. 이는 1975-1976년 스웨덴이 유엔 안보리 이사국으로서 한반도 문제 해결을 위한 건설적 역할을 하는데 필요한 역량을 증진시킬 것임. 한반도 문제는 향후 수년간 유엔에서 중요한 이슈가 될 것으로 예상됨. 스웨덴이 중립국감독위원회 감독국가로서 이 사안에 대한 특별한 책임을 맡고 있다는 것은 주지의 사실임. 소련 및 중국의 이웃 국가로서 북한이 취하고 있는 독특한 입장을 감안할 때 평양 주재 스웨덴 대사관은 중-소 분쟁의 동향과 동아시아 지역 정세를 모니터링할 수 있는 중요한 관측소 역할을 하게 될 것임. 또한 과거보다 더 적극적인 국제협력 참여를 지향하는 북한의 새 외교정책 노선으로 인해 북한 정부와의 양자 접촉 필요성이 더 증가하고 있음.

스웨덴과 한반도

## 2. 무역 정책 측면

판단컨대 북한의 지도부는 스웨덴의 조기 승인에 대한 보상으로 대폭적인 스웨덴 물자를 구매하기로 결정한 것으로 보임. 이는 광산과 운송 분야를 포함한 북한 공업 전반에 대한 발전 계획과도 맞물려 있었음. 특히 이 두 분야는 스웨덴이 강점을 갖고 있는 분야이기도 함. 결과적으로 현재까지 7억 크로나의 계약이 체결되었고 추가적인 수입 수요가 계속 증가하고 있음. 그중 가장 큰 규모의 주문은 스웨덴 광산 장비 회사에게 돌아갔음. 아틀라스 콥코는 약 2억 2,500만 크로나 상당의 주문을 받았고 그 외 아세아ASEA, 코쿰스Kokums, 살라 인터네셔널Sala International도 대규모 광산 장비 주문을 땄음. 스웨덴 광산 장비 기업들은 5월 초 평양에서 상품 전시회를 개최하였음.

북한은 또한 아세아와 알파라발Alfa-Laval에 대규모 선박 부품 주문을 냈으며, 볼보는 1,000대의 승용차 주문과 트럭 주문을 받았음. 센탑SENTAB은 북한 당국과 지난 6개월간 대규모 항만 프로젝트에 대한 교섭을 진행중임.

북한이 보인 지금까지의 스웨덴에 대한 관심을 더욱 적극적으로 활용하기 위해 스웨덴수출위원회Swedish Export Council는

1975년 평양에서 큰 규모의 스웨덴 산업박람회 개최를 계획하고 있음.

1973년 11월 북한 정부 대표단의 스웨덴 방문과 연계하여 양국 간 장기 무역협정이 체결되었음. 이 협정은 기본협정 framework agreement으로서 별도 통지 시까지 유효하며 예시적인 상품 리스트를 첨부하였음.

경제 분야 주요 업무는 다음과 같은 분야에 집중될 것으로 보임.

- 스웨덴-북한 교역 상황 모니터링
- 평양의 정부 기관과 조직 접촉
  (고위급 접촉이 중요한 분야)
- 스웨덴 기업, 방북 기업인 및 현장 직원 지원
  (그중에서도 특히 평양 산업박람회 관련 업무)

끝

# 평양 주재 공관 개설 검토 보고서(스웨덴어 원본)

문서 번호 : Promemoria 1974-06-10
영어번역 : Memorandum 1974-06-10

ds Lundvik, Pol I
ds Watz, UHD

PROMEMORIA

1974-06-10

Pol

1 ( )

$P2 Xko$
$(H114 Xko)$
$(HP1 Xko)$

## Ambassad i Pyongyang

### 1. Politiska aspekter

Utvecklingen i Korea tog under 1972 en gynnsam vändning
genom att de båda koreanska staterna inledde överlägg-
ningar i återföreningsfrågan. Det var mot denna bak-
grund som Sverige den 6 april 1973 som första väster-
ländska stat erkände Demokratiska Folkrepubliken Korea
(Nordkorea) och föreslog upprättande av diplomatiska
förbindelser. Den nordkoreanska ledningen har givit
uttryck för sin uppskattning av det svenska initiativet
och säger sig tillmäta utvecklingen av det nyetablerade
samarbetet med Sverige stor betydelse. Detta har tagit
sig konkreta uttryck i form av omfattande beställningar
av industriutrustning m.m. i Sverige, men också på det
politiska och det kulturella området har nordkoreanerna
visat intresse för utökade kontakter med Sverige. Som
exempel härpå kan nämnas att en delegation från det
nordkoreanska utrikesministeriet nyligen besökte Stockholm
och därvid framförde en inbjudan till utrikesminister
Andersson att besöka Nordkorea, vilket denne i princip
accepterade. Diskussioner om kulturutbyte har inletts
med Svenska Institutet.

Man har från nordkoreansk sida upprepade gånger fram-
hållit att det skulle vara av stort värde för de svensk-
koreanska förbindelserna om en svensk ambassad etable-
rades i Pyongyang. Sverige skulle därvid bli det första
västland som hade diplomatisk representation i båda de
koreanska staterna. Detta skulle förbättra våra möjlig-
heter att såsom medlem av FN:s säkerhetsråd åren 1975-76
konstruktivt medverka till en lösning av den koreanska
frågan, vilken under de närmaste åren kan väntas spela

en framträdande roll i FN. Sverige har som bekant
ett särskilt ansvar i denna fråga genom sitt medlem-
skap i den neutrala övervakningskommissionen i Korea
(NNSC). Genom Nordkoreas unika mellanställning i för-
hållande till grannstaterna Sovjetunionen och Kina
skulle en svensk ambassad i Pyongyang bli en viktig
politisk observationspost beträffande utvecklingen av
såväl den sovjetisk-konesiska konflikten som inom den
östasiatiska regionen i allmänhet. Nordkoreas nya
utrikespolitiska linje med ett mera aktivt deltagande
i det internationella samarbetet än tidigare ökar även
behovet av bilaterala kontakter med regeringen i Pyong-
yang.

## 2. Handelspolitiska aspekter

Av allt att döma har den politiska ledningen i Nord-
korea beslutat premiera Sverige för det tidiga erkän-
nandet genom kraftigt ökade inköp från Sverige. Denna
avsikt torde därvid ha råkat sammanfalla med en utbyggnad
av den koreanska industrin, bl a på gruv- och trans-
portsidan, där svensk industri särskilt väl kan göra
sig gällande. Som resultat härav har kontrakt hittills
tecknats för bortåt 700 miljoner kronor och intresset
för ytterligare import förefaller inte ha mattats utan
tenderar snarare att öka. De största orderna har gått
till svenska leverantörer av gruvutrustning. Atlas
Copco har sålunda erhållit en order på ca 225 miljoner
kronor. Även ASEA, Kockums och SALA International har
erhållit betydande order på gruvutrustning. De svenska
gruvutrustningsföretagen har under början av maj anordnat
en utställning i Pyongyang.

Stora beställningar på fartygsutrustning har från nord-
koreansk sida gjorts hos ASEA och Alfa-Laval. Volvo
har fått en order på 1 000 personbilar och även en order
på lastbilar. SENTAB förhandlar sedan ett halvår med
nordkoreanerna om ett stort hamnprojekt.

För att ytterligare ta tillvara det stora intresse som
från nordkoreansk sida f n visas Sverige planerar Sveriges
Exportråd att under april 1975 arrangera en stor industri-
utställning i Pyongyang.

I samband med att en nordkoreansk regeringsdelegation
i november 1973 besökte Sverige undertecknades ett lång-
tidsavtal rörande handeln mellan de båda länderna.
Avtalet är ett ramavtal som löper tills vidare och till
vilket är fogat indikativa varulistor.

Arbetsuppgifterna torde på det ekonomiska området i
första hand komma att koncentreras till :

1. Bevakning av det svensk-koreanska varuutbytets ut-
   veckling,

2. Kontakter med myndigheter och organisationer i Pyong-
   yang (där kontakter på hög nivå torde vara betydelse-
   fulla),

3. Assistans åt svenska företag och dessas tillresande
   representanter samt på platsen placerad personal
   (förberedelsearbetet för den svenska industriutställ-
   ningen bland annat kommer säkerligen att kräva en
   icke obetydlig insats).

스웨덴과 한반도

# 평양 주재 공관 개설 검토 보고서(영어 번역본)

문서 번호 : Promemoria 1974-06-10
영어번역 : Memorandum 1974-06-10

1974-06-10

Embassy in Pyongyang

## 1. Political aspects

The development in Korea took in 1972 a favorable turn by the two Koreas initiating deliberations in the reunification issue. It was against this background that on April 6, 1973, Sweden became the first Western state to recognize the Democratic People's Republic of Korea (North Korea) and proposed the establishment of diplomatic relations. The North Korean leadership has expressed its appreciation of the Swedish initiative and says that it attaches great importance to the development of the newly established cooperation with Sweden. This has taken concrete expression in the form of extensive orders for industrial equipment etc. in Sweden, but also in the political and cultural field, the North Koreans have shown interest in increased contacts with Sweden. As an example of this, it can be mentioned that a delegation from the North Korean Ministry of Foreign Affairs recently visited Stockholm and thereby made an invitation to Foreign Minister Andersson to visit North Korea, which he in principle accepted. Discussions have been initiated with the Swedish Institute.

The North Korean side has repeatedly emphasized that it would be of great value to Swedish-Korean relations if a Swedish embassy was established in Pyongyang. Sweden would thereby become the first western country to have diplomatic representation in both Korean states. This would improve our ability as a member of the UN Security Council in 1975-76 to contribute constructively to a solution to the Korean issue, which in the next few years can be expected to play a prominent role in the UN. As is well known, Sweden has a special responsibility in this matter through its membership of the Neutral Nations Supervisory Commission in Korea NNSC. Through North Korea's unique stance in relation to the neighboring states of the Soviet Union and China, a Swedish embassy in Pyongyang would become an important political observation post regarding the development of both the Soviet-Chinese conflict and within the East Asian region in general. North Korea's new foreign policy line with more active participation in international cooperation than before also increases the need for bilateral contacts with the government in Pyongyang.

## 2. Trade policy aspects

As far as can be judged, the political leadership in North Korea has decided to reward Sweden for the early recognition through sharply increased purchases from Sweden. This intention should have coincided with an expansion of the Korean industry, including on the mining and transport side, where Swedish industry can particularly well assert itself. As a result, contracts have so far been signed for around SEK 700 million and interest in further imports does not appear to have slowed down but rather tends to increase. The largest orders have gone to Swedish suppliers of ining equipment. Atlas Copco has thus received an order of approximately SEK 225 million. ASEA, Kockums and SALA International have also received significant orders for mining equipment. The Swedish mining equipment companies have in the beginning of May organized an exhibition in Pyongyang.

Large orders for ship equipment have been placed by North

Korea at ASEA and ALfa-Laval. Volvo received an order for 1,000 cars and also an order for trucks. SENTAB has been negotiating with the North Koreans for six months on a major port project. In order to further take advantage of the great interest in Sweden that is currently being shown by North Korea, the Swedish Expor Council plans to arrange a large industrial exhibition in Pyongyang in 1975.

In connection with a North Korean government delegation visiting Sweden in November 1973, a long-term agreement was signed concerning trade between the two countries. The agreement is a framework agreement that applies until further notice and to which are attached indicative product lists. The working task in the economic area would likely primarily be concentrated on:

1. Monitoring the development of the Swedish-Korean trade,
2. contacts with authorities and organizations in Pyongyang(where high-level contacts are likely to be important),
3. assistance to Swedish companies and their visiting representatives, and staff placed on site (the preparatory work for the Swedish industrial exhibition, among other things, will certainly require a not insignificant effort).

스웨덴과 한반도

# 북한 외교관 밀수사건에 대한 대책 보고서(한국어 번역본)

저자 직접 번역

외교 문제 자문위원회The Advisory Council on Foreign Affairs 보고 용도로 작성된 스웨덴 외교부 장관 앞 보고서

* '외교 문제 자문위원회'는 헌법기관으로서 국왕이 주재하며 정부의 외교 문제에 관해 의회의 지지를 구하기 위해 비정기적으로 개최하는 회의체임. 의회 측은 의장과 18명의 의원이 참석하며, 왕세녀도 참석함. (저자의 주석)

## 북한의 밀수 사건

언론에 보도된 바와 같이 스웨덴 외교부와 경찰은 10.15 코펜하겐의 (북한 외교관)추방과 10.18 오슬로의 (북한 외교관)추방 이후 현재 스톡홀름에서의 북한의 밀수사건을 조사 중임.

## 사건의 경과

1. 스웨덴 외교부는 상당히 오랜 기간 스웨덴 주재 북한대사

관의 과도한 규모의 면세 물품 수입에 관해 주시해 왔음. 이들 물품의 재판매 의혹도 있어 왔음. Hedin 외교부 의전장은 10월 8일, 13일, 15일 등 세 차례에 걸쳐 길재경 북한 대사에게 이 건에 대해 제기한 바 있음. 그러나 길 대사는 어떤 불법적인 일도 없었다고 부인했음.

2. 10.18 외교부에 제출된 스웨덴 경찰의 1차 조사 보고서에 따르면【비밀 해제 검토 시 삭제된 부분】

3. 언론에 보도된 바와 같이 10.18 경찰은 이번 불법 수출 사건을 도와준 혐의로 네 명의 스웨덴인을 체포하였음. 가택 조사에서 450병의 주류와 10,000개피의 담배가 발견되었으며 이 물품들은 스웨덴 주재 북한대사관 직원으로부터 조달되었음. 다만, 아직까지 스웨덴에서 마약 거래가 이루어졌다는 증거는 없음.

4. 스웨덴 외교부는 경찰의 조사 사실을 즉각 평양 주재 공관에 통보하였고 직원 가족들과 여성 직원의 즉각적인 출국을 지시하였음. 평양 주재 대사관에는 Cornell 대사대리와 그의 부인, 자녀들, Pettersson 참사관과 부인 그리고 Malmsten 직원(원래는 북경 근무)가 근무 중임. 가장 빠른 출국 가능 일자는 북경 향발 항공 일정이 있는 10월 22일 금요일임.

5. 10.19 북한 길 대사는 긴급한 용무로 Leifland 정무 차관보를 면담하였음. 그는 면담 과정에서 북한대사관 직원들이

불법 판매에 관여한 사실을 간접적으로 시인하였음. 다만 대사 자신은 관여하지 않았다고 부인하였음. Leifland 차관보는 경찰의 1차 보고서를 인용하면서【비밀 해제 검토시 삭제된 부분】라는 것이 사실일 가능성을 강하게 제기하였음. Leifland 차관보는 길 대사에게 만약 이 같은 일들이 사실일 경우 북한-스웨덴 양국 관계에 초래될 결과에 대해 매우 유감스러운 일이라고 하였음.

6. 같은 날 - 스웨덴 시간 수요일 아침 - Cornell 대사대리는 북한 외무성 부부장Deputy Foreign Minister으로부터 면담 요청을 받았음. 북한 부부장은

  - 만약 사실이라면 큰 처벌을 받게 될 것이라며 분명하게 북한대사관 직원들의 불법행위에 관해 부인하였으며

  - 자신들과 사전 협의가 없었던 코펜하겐과 오슬로의 갑작스런 추방 조치에 대해 개탄한다고 하였음.

  - 스톡홀름 주재 북한 대사가 추방된다면 이는 매우 중대한 결과를 초래할 것이며 양국 간 외교 관계의 중단을 의미한다고 경고하였음.

7. Cornell 대사대리는 수요일 오후 북한 외무성 부부장으로부터 면담 요청을 재차 받았으며, 이때 부부장은 매우 강경한 태도를 보이면서

  - 스톡홀름 주재 북한대사관 직원들의 불법행위를 부인하였으며, 특히 대사에 관해서는 더욱 강하게 부인하였음.

- 만약 스톡홀름 주재 북한대사관 직원들이 추방될 경우 평양 주재 스웨덴 대사관에 대해서도 유사한 조치를 취하게 될 것이라고 언급하였음.
8. 수요일 Cornell과의 세 번째 면담에서 북한 외교부 부부장은 스웨덴 당국이 비우호적인 언론 노출을 최소화하기 위해 최선을 다한다는 조건하에 동 현안에 대한 보고를 받을 목적으로 북한 대사를 즉시 본국으로 불러들일 준비가 되었다고 언급하였음.


## 외교부의 상황 평가

외교부 내부적으로 이 사안에 대해 다음과 같은 평가를 하고 있음.

1. 스톡홀름 주재 북한대사관에 의해 자행된 불법행위에 대한 처벌을 반드시 해야 함. 따라서 이 사건에 가담한 직원들이 자발적으로 떠나지 않으면 이들을 추방하는 것은 불가피함. 길 대사는 대사관 업무에 대한 책임이 있는 사람이므로 길 대사도 스웨덴을 떠나야 함.
2. 북한에 체류 중인 스웨덴 국민의 안전 문제는 매우 중요한 요소이므로 어떤 입장을 수립하든 이를 반드시 고려해야

함. 1년 전 평양 주재 호주 대사관이 추방될 당시 주민들 시위 및 돌 투척 등 대사관 직원들을 대상으로 한 불미스러운 괴롭힘이 있었음. 북한 정부도 때때로 예측 불가한 조치를 취함.

현재 평양에는 대사관 직원 가족을 포함하여 모두 5명의 스웨덴 국민이 체류 중임. 그 외에 북한 내 덴마크 시멘트 공장에서 일하는 5명의 일가족이 체류하고 있음. 또한 조만간 50명의 기술진이 북한에 입국할 예정임.

스웨덴과 달리 덴마크와 노르웨이는 상주 공관이 없음.

3. 스웨덴은 북한에 경제적 연계가 매우 큼. 잘 알려진 바와 같이 몇몇 스웨덴 기업들은 북한에 장비를 공급한 바 있으며 그 비용은 일부만 지불된 상태임. 대부분 북한과의 거래는 스웨덴 수출보증위원회EKN로부터 지급 보증을 받았음. 1976년 1월 EKN과 북한대외무역은행 사이에 부채상환 합의가 이루어졌으며 아직 발효된 상태는 아니지만 그 내용은 2년간 부채 상환을 유예해 주는 것임.

북한의 스웨덴에 대한 부채 총액은 현재 약 6억 2,000만 크로나에 달하며, 그중 약 5억 4,000만 크로나를 EKN이 지급 보증한 상태임. 이 금액은 이론적으로 볼 때 스톡홀름 주재 북한 대사관 직원 추방 조치에 대한 대응 조치로 북한이 부채상환 합의를 취소시키거나 앞으로의 스웨덴에 대한 모든 지불을 중단할 경우 위태로운 상태에 처하게 될 것임.

만약 이런 극단적인 조치를 취하지 않을 경우 부채상환 합의가 발효될 경우에는 약 1,800만 크로나가 지불되어야 하며, 부채상환 합의가 발효되지 않을 경우에는 1976년까지 1억 1,500만 크로나가 지불되어야 함. 오직【비밀 해제 검토 시 삭제된 부분】향후 수년간 100명의 스웨덴 기술진이 북한의 도시 건설 사업을 위해 장단기 체류할 예정임. 노르웨이, 덴마크, 핀란드 중 어느 나라도 스웨덴만큼 북한과 경제적 사업을 진행 중인 나라는 없음.

4. 따라서 우리는 스웨덴과 북한 사이에 외교 관계가 단절되는 결과를 초래하는 어떤 상황도 바람직하지 않다고 생각함.

북한의 태도에 대해서는 언급하기가 어려움. 스웨덴은 북한과 외교 관계를 수립(1973년 4월)한 첫 번째 서방 국가임. 몇 차례에 걸쳐 북한은 스웨덴과의 관계가 매우 특별한 의미가 있으며 노르웨이나 덴마크보다 훨씬 좋은 관계라고 강조함.

이번 상황과 관련하여 북한은 북한 대사가 추방될 경우 이는 외교 관계를 단절시키는 것과 동일한 의미를 갖는 것이라는 점을 분명히 하였음. 북한이 스웨덴과의 외교 관계 수립을 위해 보인 노력을 감안할 때 스웨덴에 대한 대응 조치가 특히 더 강력한 것이 될 것임을 충분히 예상할 수 있음. 다른 한편으로는 북한은 추방으로 인한 완전한 관계 단절에도 불구하고 코펜하겐 주재 대사관을 인계받기 위한 인력 3명을 이미 현지에 파견하였음. 우리는 덴마크 및 노르웨이와는 달리 스톡홀름 주재 북한대사관 직원 전원이 출국 조치되지는 않을 것임. 북한으로서는 북한의 경제개발을 위해 스웨덴의 산업 장비들을 필요로 하기 때문에 북한이 스웨덴과의 관계를 스스로 단절하고자 하지는 않을 것으로 추정됨.

5. 이런 상황에서 평양에서의 외교 교섭을 통해 그리고 스톡홀름에서의 북한에 대한 압박을 통해 북한이 외교 관계 단절 없이 스스로 대사와 연루 직원들을 본국으로 신속히 귀국 조치하도록 시도할 것임.


## 관련 조치

어젯밤 Cornell 대사대리에게 아래 내용을 즉시 북한 외무성에 통보하도록 지시함.

1. 스웨덴 측은 북한 외교부 부부장이 분명하게 스톡홀름 주재 북한대사관 직원들의 이번 불법행위 사건에 관여한 바 없다고 한 점과 (만약 관여된 것이 사실일 경우) 그들이 강력한 처벌을 받게 될 것이라고 밝힌 점을 인지함. 스웨덴 경찰의

1차 조사 보고서에 의하면【비밀 해제 검토 시 삭제된 부분】우리는 이 관계에 대해 북한 대사의 각별한 관심을 촉구함.

스웨덴과 북한 사이의 지속된 우호 협력 유지라는 상호 공동의 관심 관점에서 우리는 가능한 한 이른 시일 내 신임 대사가 임명되기를 희망하면서 현 북한 대사가 즉각 본국으로 귀환하는 것이 바람직하지 않은지 문의코자 함. 스웨덴 경찰의 조사는 계속되고 있는바 이번 주말 최종보고서가 도달하면 우리로서는 잔류 직원들에 대한 조치를 취하지 않을 수 없을 것임.

2. 만약 북한 대사가 이번 주 내 출국한다면 우리는 경찰의 최종보고서에 따라 잔류 직원들에 대해서만 조치를 취할 것임. 이 경우 우리의 보도 자료에는 대사가 어느 날 출국하였다고만 언급될 것임. 라디오 TV 등 언론의 보도와 관련해서는 우리는 어떤 책임도 질 수 없음.

귀직은 스웨덴 외교차관이 길 대사를 수요일 오후 4시 반까지 외교부로 초치(면담 요청)하였고 이 자리에서 이번 사건 조사 결과를 고려하고 양국 관계에 대한 피해를 최소화하기 위해 이 사건과 연루된 직원들과 함께 길 대사가 스웨덴에서 떠나는 방안을 고려해야 하는 것 아닌지를 문의하였다는 사실을 북한 외무성에 통보하기 바람. 스웨덴 외교차관은 양국 간 관계를 우호적으로 유지하는 것이 스웨덴의 목표임을 강조하였음.

스웨덴과 북한 간 시차로 인해 오늘 아침까지 훈령이 전달되지 않을 수도 있음.

어제 외교차관과 길 대사 사이의 면담에서 경찰의 최종보고서가 조만간 도착할 예정이기 때문에 매우 긴박한 상황임을 설명하였음. 그러나 대사관의 장래에 관한 모든 결정은 평양에서 내려질 것이라는 점은 분명함. 스톡홀름 주재 (북한) 대사는 자신의 결정에 관해 매우 좁은 선택지밖에 없음.

우리는 스톡홀름과 평양에서의 그간 교섭의 결과로 북한 대사가 관련 직원들과 함께 가능한 조속히 본국으로 귀국해 주기를 희망함.

북한 측의 조치 여하에 따라 우리는 아래와 같은 조치를 취할 것임.

옵션 1. 내주 초까지 대사가 떠나지 않을 경우 대사 추방

옵션 2. 대사가 출국한 경우 나머지 연루 직원들 추방. 그리고 대사는 출국했음을 공지

옵션 3. 대사와 함께 연루 직원들 모두 이번 주 내 출국할 경우 일부 북한대사관 직원들이 불법행위를 저질렀으며 그들은 모두 스웨덴을 떠났다는 보도 자료 배포

# 북한 외교관 밀수사건에 대한 대책 보고서

(스웨덴어 원본)

UTRIKESDEPARTEMENTET

Politiska avdelningen
Enhet I
Handläggare: ds Hirdman
Ex t    Utrikesministern
        Kab.sekr.
        utrikesnamnden
        Bitr. Kab.sekr.
        Polchefen
        Protokollchefen
        Chef Pol I
        Ds Hirdman

FÖREDRAGSPROMEMORIA

för utrikesnämnden

1976-10-20
Foredraget av utrikesminister
Karin Soder for

1976-10-21.

## STRANGT FORTROLIG

### Den nordkoreanska smuggelaffaren

Som framgatt av pressen undersoker Utrikesdepartementet
och polisen den nordkoreanska smuggelharvans
forgrening i Stockholm efter utvisningarna i Kopenhamn
den 15 oktober och Oslo den 18 oktober.

### Handelseforloppet

1. Utrikesdepartementet har sedan en langre tid uppmark-

sammat den onormalt hoga inforseln av tullfria varor till Nordkoreas ambassad i Stockholm. Man har aven haft miss- tanke om att viss vidareforsaljning forekommit. Protokoll- chefen Hedin har vid tre tillfallen - den 8, 13 och 15 ok- tober - patalat saken hos Nordkoreas ambassador, Kil Jae Gyong, som dock fornekat att nagot olagligt skulle ha forekommit.

2. Av den preliminara rapport som rikspolisstyrelsen den 18 oktober lamnade till utrikesdepartementet framgar att

3. Som aven framgatt av pressen har polisen den 18 oktober anhallit fyra svenska medborgare, vilka delgivits misstanke for medhjalp till grov olovlig valutautforsel. Vid husrann- sakan antraffades c:a 450 flaskor sprit och c:a 10.000 cig- aretter, vilka levererats av befattningshavare vid Nordkoreas ambassad i Sverige. daremot har man annu inte konstaterat att narkotika salts i Sverige.

4. Utrikesdepartementet informerade omgaende ambassaden i Pyongyang om polisutredningen och instruerade familjemed- lemmar och kvinnlig personal att lamna landet. Vid ambassa- den tjanstgor charge d'affaires Cornell med hustru och barn, kanslisten Pettersson med hustru och kanslibitradet Malmsten (f.n. i Peking). Den forsta resemojligheten ut ur landet ar fredagen den 22 oktober, da ett plan avgar till Peking.

5. Den 19 oktober uppsokte ambassador Kil I bradskande ord- ning chefen for UD:s politiska avdelning Leifland. Vid sam- talet erkande Kil indirekt att hans personal

sysslat med olovlig forsaljning men fornekade, att
han sjalv skulle vara inblandad. Leifland aberopade
da den preliminara polisrap- porten och sade att
det finns starka indikationer i denna, att Leifland
varnade Ambassadoren genom att saga, att om dessa
indikationer visar sig vara riktiga beklagade han mycket
forhallandet och de foljder som kommer att uppsta for
relationerna mellan Sverige och Nordkorea.

6. Samma dag - onsdag morgon svensk tid - uppkallades
   charge d'affaires Cornell till en nordkoreansk vice
   utrikes - minister, som
   - tog klart avstand fran de egna ambassadtjanstemannens
     olagliga handlingar, vilka skulle straffas strangt.
   - beklagade Kopenhamns och Oslos plotsliga utvisnings-
     besked, som icke foregatts av konsultationer
   - varnade for att en utvisning av nordkoreanske ambas-
     sadoren i Stockholm skulle fa allvarliga konsekvenser
     och vara liktydig med avbrytande av diplomatiska for-
     bindelser.

7. Senare under onsdagen kallades Cornell till ett nytt
   mote med vice utrikesministern, som da intog en
   skarpt hallning och
   - dels fornekade att tjanstemannen i Stockholm skulle
     vara skyldiga till olagligheter, sarskilt icke ambas-
     sadoren
   - dels sade att om de nordkoreanska tjanstemannen i
     Stockholm utvisas kommer motsvarande atgarder att
     vidtas mot svenska ambassaden i Pyongyang.

8. Vid ett tredje mote med Cornell pa onsdagen sade
   vice utrikesministern att man var beredd att snabbt

kalla hem ambassadoren for rapportering, om det garanteras att svenska myndigheter gor sitt yttersta for att minimera ofordelaktig publicitet.

## Utrikesdepartementets bedomning

Inom utrikesdepartementet har vi gjort foljande bedomning.

1. Vi maste beivra den grovt olagliga verksamhet som fore- kommit vid Nordkoreas ambassad i Stockholm. Det ar darfor ofrankomligt att utvisa atminstone nagra av ambassadtjanste- mannen, om de inte dessforinnan frivilligt lamnar Sverige. Sasom ansvarig for ambassadens verksamhet kan ambassadoren Kil inte langre stanna i Sverige.

2. Hansynen till den svenska personalens sakerhet i Nord- korea ar en viktig faktor, som maste vaga tungt vid alla stallningstaganden. I samband med att den australiska ambas- saden utvisades fran Pyongyang for ett ar sedan forekom otrevliga trakasserier mot ambassadmedlemmarna, bl.a. demonstrationer och stenkastning. Den nordkoreanska regimen har aven vid andra tillfallen i vid prov pa ett oberakne- ligt upptradande.

   For narvarande finns fem svenskar inklusive familjemed- lemmar vid ambassaden i Pyongyang samt dessutom en svensk familj pa fem personer vid ett danskt cementfabriksbygge i Nordkorea.

   Inom kort vantas 50 svenska montorer for installationsarbeten till Nordkorea.

Danmark och Norge har i motsats till Sverige ingen fast presentation i Nordkorea.

3. Svensk industri har stora engagemang i Nordkorea. Som bekant har flera svenska foretag levererat utrustning till Nordkorea, for vilken de blott i liten utstrackning fatt be- talt. Affarerna ar till storre delen forsakrade i Export- kreditnamnden, EKN. I januari 1976 slots ett skuldreglerings- avtal mellan EKN och den nordkoreanska utrikeshandelsbanken. Detta avtal, som annu inte tratt i kraft, forutser uppskov med skuldbetalningen i tva ar.

Den totala nordkoreanska skulden till Sverige f.n. uppgar till c:a 620 miljoner kronor. Av denna summa har EKN garan- terat c:a 540 miljoner kronor.

Dessa pengar star teoretiskt pa spel om man gor tankeexperiment, att Nordkorea som en reaktion pa utvisningen av dess ambassad fran Stockholm sager upp skuldkonsolideringsavtalet och overhuvud installer alla framtida betalningar till Sverige. Utan sadana drastiska atgarder ar f.n. - om skuldkonsolideringsavtalet anses vara i kraft - c:a 18 miljoner kronor forfallna till betalning och - om avtalet icke anses vara i kraft - c:a 115 miljoner kronor for enbart 1976.

Ett 100-tal svenska tekniker och montorer kommer att statio- neras for anlaggningsarbeten i Nordkorea for kortare eller langre tid de narmaste aren.

Varken Norge, Danmark eller Finland har tillnarmelsevis lika stora kommersiella engagemang i Nordkorea som Sverige.

4. Vi har saledes inget intresse av att en situation upp-
star som leder till avbrott av diplomatiska relationerna
mellan Sverige och Nordkorea.

Om den nordkoreanska installningen ar det svarare
att ut- tala sig. Sverige var det forsta vastland som - i
april 1973 - upprattade diplomatiska forbindelser med
Nordkorea. Vid flera tillfallen har fran nordkoreansk
sida gjorts gallande att forbindelserna med Sverige har
en sarskild dignitet och att de ar battre an relationerna
med Norge
och Danmark. I samband med denna affar har fran
nordkoreansk sida forklarats att en utvisning av den
nordkoreanske ambas- sadoren vore liktydigt med
brytande av de diplomatiska for- bindelserna. Det ar
mojligt att den nordkoreanska reaktionen mot Sverige
skulle bli sarskilt haftig med tanke pa den sats- ning
som tidigare gjorts pa dessa forbindelser.

Mot ett fullstandigt brytande av de diplomatiska
forbindel- serna talar a andra sidan att Nordkorea
redan sant tre tjansteman for att overta ambassaden i
Kopenhamn efter utvisningen dar. Vi har i motsats till
danskarna och norr- mannen inte for avsikt att tvinga
all nordkoreansk personal i Stockholm att lamna landet.
Eftersom den svenska industri- utrustningen behovs
for Nordkoreas ekonomiska utveckling torde man i
och for sig inte behova forutsatta att Nord- korea av
ekonomiska skal skulle vilja saga upp forbindel- serna
med Sverige.

5. I denna situation forsoker vi genom demarcher i
Pyong- yang och Stockholm skapa ett sadant tryck

pa den nordkoreanska regeringen, att den frivilligt
och omgaende hemkallar sin ambassador och annan
inblandad personal utan att de diplo- matiska
forbindelserna avbryts.

## Atgarder

I gar kvall instruerades Cornell Att omgaende framfora
foljande till Nordkoreas utrikesministerium:

1. Vi har noterat att vice utrikesministern
   klart tagit avstand fran de nordkoreanska
   ambassadtjanstemannens olagliga handlingar i Sverige
   och att dessa skall bestraffas strangt. Den preliminara
   svenska polisutredningen visar att i dessa handlingar. Vi
   har har fast ambassadorens uppmarksamhet vid detta
   forhallande. Med hansyn till vart gemensamma intresse
   av fortsatt goda forbindelser mellan Sverige och Nordkorea
   ifragasatter vi om det inte vore riktigt att den nuvarande
   ambassadoren omedelbart lamnar Sverige, varefter vi
   hoppas en ny ambas- sador snarast utses. Den svenska
   polisutredningen fortsatter. Nar den slutliga rapporten
   foreligger i slutet av denna vecka blir det oundvikligt
   for oss att vidta erforderliga atgarder mot de utpekade
   nordkoreanska tjansteman, som da ar kvar i Stockholm.
2. Om ambassadoren lamnar Sverige fore denna veckas slut
   kommer vi enbart att vidta atgarder mot de kvarvarande
   nord- koreaner, som ar skyldiga enligt polisen slutrapport.
   I var officiella note respektive pressmeddelande kommer i
   detta fall betraffande ambassadoren endast att konstatera

스웨덴과 한반도

att han av- rest ett visst datum. Pressens och Radio-TV:s rapportering
kan vi daremot naturligtvis inte ta nagot ansvar for.

Du kan informera utrikesministeriet om att kabinettssekreteraren till onsdag eftermiddag 16.30 hade uppkallat ambas- sadoren till ett personligt samtal, varvid han ifragasatte om inte ambassadoren, med hansyn till de uppgifter som fore- lag och for att undvika att relationerna mellan Sverige och Nordkorea skadas, borde overvaga att resa fran Sverige till- sammans med de medlemmar av sin personal som ar inblandade i denna affar.

Kabinettssekreteraren understrok harvid att Sveriges malsattning ar att bevara de goda relationerna mellan vara lander.

Pa grund av tidsskillnaden torde instruktionerna kunna fram- foras forst idag pa morgonen.

Vid kabinettssekreterarens samtal med ambassador Kil igar gjorde herr Astrom mycket klart for denne att ett avgorande bradskar, eftersom polisens slutrapport vantas snart. Det ar dock uppenbart att alla beslut om ambassadens framtid fattas i Pyongyang. Stockholmsambassadoren torde har mycket sma marginaler for egna beslut.

Det ar var forhoppning att som resultat av de framstallningar vi gjort i Stockholm och Pyongyang den nordkoreanska ambas- sadoren omedelbart skall hemkallas och darvid ta med sig de medlemmar av sin personal som ar mest komprometterad.

Beroende pa vad nordkoreanerna gor kommer vi att vidta egna atgarder, vilka sammanfattningsvis kan bli foljande:

Alt. 1: Ambassadoren utvisas i borjan av nasta vecka, om

han inte rest dessforinnan.

Alt. 2: Om ambassadoren har rest, utvisas kvarvarande komprometterade nordkoreaner och det noteras att ambassadoren lamnat Sverige.

Alt. 3: Om ambassadoren och samtliga komprometterade nord- koreaner ger sig av fore veckans slut, utfardar vi ett press- meddelande om att vissa medlemmar av Nordkoreas ambassad, som nu lamnat Sverige, gjort sig skyldiga till olovlig verksamhet.

# 북한 외교관 밀수사건에 대한 대책 보고서

(영어 번역본)

MINISTRY FOREIGN PRESENTATION OF MINISTRY POLICY

Political Department of the Foreign Affairs Committee Unit I

1976-10-20

Handlers: ds Hirdman

| Ex t | Foreign Minister | by Foreign Minister |
|------|------------------|---------------------|
| | LecturedKab.sekr. | Karin Söder for the Foreign |
| | Affairs Committee | |
| | Bitr. Kab.sekr. | 1976-10-21. |
| | Police Chief | |
| | Protocol | |
| | Chief Chief Pol I | |
| | Ds Hirdman | |

## STRICTLY CONFIDENTIAL

### The North Korean smuggling affair

As stated by the press, the Ministry of Foreign Affairs and the police are investigating the North Korean smuggling operation in Stockholm following the expulsions in Copenhagen on October 15 and Oslo on October 18.

The course of events

1. The Ministry of Foreign Affairs has for a long time noticed the abnormally high import of duty-free goods to North Korea's embassy in Stockholm. It has also

been suspected that there was some resale. Hedin, the protocol chief, has on three occasions - on October 8, 13 and 15 - brought the case to North Korea's ambassador, Kil Jae Gyong, who, however, denied that something illegal had occurred.

2. The preliminary report submitted by the National Police Board on October 18 to the Ministry of Foreign Affairs shows that ⊠---⊠

3. As also stated by the press, on October 18, the police arrested four Swedish citizens, who were suspected of assisting in gross illegal currency exports. At the house search, about 450 bottles of liquor and about 10,000 cigarettes were found, which were delivered by executives at the North Korean Embassy in Sweden. however, it has not yet been established that drugs were sold in Sweden.

4. The Ministry of Foreign Affairs immediately informed the Pyongyang Embassy about the police investigation and instructed family members and female staff to leave the country. At the embassy, the chargé d'affaires Cornell serves with his wife and children, the Chancellor Pettersson with his wife and the office of Malmsten (formerly in Beijing). The first travel opportunity out of the country is Friday, October 22, when a plane leaves for Beijing.

5. On October 19, Ambassador Kil, in urgent order, visited the head of the Leifland Political Department. At the interview, Kil indirectly admitted that his staff engaged in illegal sales but denied that he himself would be involved. Leifland then cited the preliminary

스웨덴과 한반도

police report and said that there are strong indications in this, that [---]

Leifland warned the Ambassador by saying that if these indications prove to be true, he greatly regretted the relationship and the consequences that will arise for relations between Sweden and Sweden. North Korea.

6. On the same day - Wednesday morning Swedish time - the Charge d'affaires Cornell was called to a North Korean Deputy Foreign Minister, who clearly
   - distanced himself from the illegal acts of his own embassy officials, which would be severely punished.
   - deplored the sudden expulsion message from Copenhagen and Oslo, which was not preceded by consultations
   - warned that an expulsion of the North Korean ambassador to Stockholm would have serious consequences and be tantamount to interrupting diplomatic relations.

7. Later on Wednesday, Cornell was called to a new meeting with the Deputy Foreign Minister, who then took a sharp stance and
   - partly denied that the officials in Stockholm would be guilty of illegality, especially the non-ambassador
   - and said that if the North Korean officials in Stockholm are expelled similar measures to be taken against the Swedish embassy in Pyongyang.

8. At a third meeting with Cornell on Wednesday, the Deputy Foreign Minister said that he was prepared to quickly call the ambassador for reporting, if it is guaranteed that Swedish authorities do their utmost to

minimize unfavorable publicity.

## Ministry of Foreign Affairs assessment

Within the Ministry of Foreign Affairs, we have made the following assessment.

1. We must prosecute the grossly illegal activities that occurred at the North Korea Embassy in Stockholm. It is therefore inevitable to expel at least some of the embassy officials, if they have not voluntarily left Sweden before. As responsible for the embassy's activities, Ambassador Kil can no longer stay in Sweden.

2. Consideration of the safety of Swedish personnel in North Korea is an important factor, which must weigh heavily in all positions. In connection with the expulsion of the Australian embassy from Pyongyang a year ago, there was unpleasant harassment against the embassy members, including demonstrations and stone throwing. The North Korean regime has also, at other times, been in the test of an erratic behavior.
There are currently five Swedes, including family members at the embassy in Pyongyang, as well as a five-member Swedish family at a Danish cement factory building in North Korea. Soon, 50 Swedish installers are expected to be installed for North Korea.
Unlike Sweden, Denmark and Norway have no permanent presentation in North Korea.

3. Swedish industry has great commitment in North Korea. As is well known, several Swedish companies

have supplied equipment to North Korea, for which they have only been paid to a small extent. Most of these transactions are insured by the Export Credit Committee, EKN. In January 1976, a debt settlement agreement was concluded between EKN and the North Korean Foreign Trade Bank. This agreement, which has not yet entered into force, anticipates deferral of the debt payment for two years.

The total North Korean debt to Sweden currently amounts to approximately SEK 620 million. Of this sum, EKN has guaranteed about SEK 540 million. This money is theoretically at stake if you do a thought experiment that, in response to the expulsion of its embassy from Stockholm North Korea,terminates the debt consolidation agreement and cancels all future payments to Sweden at all. Without such drastic measures, - if the debt consolidation agreement is considered to be in force - approximately SEK 18 million is due for payment and - if the agreement is not considered in force - approximately SEK 115 million for 1976. Only about 100 Swedish technicians and installers will be stationed for civil engineering work in North Korea for the short or long term over the next few years.

Neither Norway, Denmark nor Finland have nearly the same commercial involvement in North Korea as Sweden.

4. Thus, we have no interest in a situation arising that leads to an interruption of diplomatic relations between Sweden and North Korea.

If the North Korean attitude, it is more difficult to speak out. Sweden was the first western country. It has established diplomatic relations with North Korea in April 1973. On several occasions, it has been claimed from North Korean that relations with Sweden have a special dignity and that they are better than relations with Norway and Denmark. In connection with this deal, it has been stated from North Korean that an expulsion of the North Korean ambassador would be tantamount to breaking diplomatic relations. It is possible that the North Korean reaction to Sweden would be particularly fierce given the efforts previously made on these relations.

On the other hand, against a complete breakdown of diplomatic relations, North Korea has already sent three officials to take over the embassy in Copenhagen after the expulsion there. Unlike the Danes and Norwegians, we do not intend to force all North Korean personnel in Stockholm to leave the country. Since the Swedish industrial equipment is needed for North Korea's economic development, it should not in itself be necessary to assume that North Korea would like to terminate its relations with Sweden for economic reasons.

5. In this situation, through demarches in Pyongyang, we try to create such pressure on the North Korean government that it voluntarily and promptly summons its ambassador and other personnel involved without interrupting diplomatic relations.

## Measures

Last night, Cornell was instructed to immediately submit the following to North Korea's Foreign Ministry:

1. We have noted that the Deputy Foreign Minister has clearly distanced himself from the illegal actions of the North Korean embassy officials in Sweden and that they should be severely punished. The preliminary Swedish police investigation shows that [---] in these documents. We have here drawn the ambassador's attention to this relationship. In view of our common interest in continued good relations between Sweden and North Korea, we question whether it would not be right for the current ambassador to leave Sweden immediately, after which we hope a new ambassador will be appointed as soon as possible. The Swedish police investigation continues. When the final report arrives at the end of this week, it becomes inevitable for us to take the necessary action against the designated North Korean officials, who then remain in Stockholm.

2. If the ambassador leaves Sweden before the end of this week, we will only take action against the remaining North Koreans, who are obliged according to the police final report. In our official note and press release, in this case, the ambassador will only state that he has left a certain date. Of reporting of the press and Radio TV course, we cannot take any responsibility for the. You can inform the Ministry of Foreign Affairs that the Cabinet secretary had called the ambassador for a

personal interview by Wednesday afternoon at 16.30, in which he questioned whether or not the ambassador, taking into account the information available and to avoid damaging relations between Sweden and North Korea, should consider traveling from Sweden with the members of their staff involved [---] in this deal. In this connection, the Cabinet Secretary emphasized that Sweden's goal is to maintain good relations between our countries.

Due to the time difference, the instructions may not be delivered until today morning.

During the cabinet secretary's conversation with Ambassador Kil yesterday, Mr Åström made it very clear to him that a crucial emergency, as the final report of the police is expected soon. However, it is clear that all decisions about the embassy's future are made in Pyongyang. The Stockholm ambassador is likely to have very small margins for his own decisions.

It is our hope that, as a result of the petitions we made in Stockholm and Pyongyang, the North Korean ambassador will be immediately called home, bringing with it the members of their most compromised staff. Depending on what the North Koreans do, we will take their own actions, which in summary can be as follows:

Alt. 1: The ambassador is expelled at the beginning of next week, if he has not traveled before.
Alt. 2: If the ambassador has traveled, the remaining compromised North Koreans are expelled and it is noted that the ambassador has left Sweden.

Alt. 3: If the ambassador and all compromised North Koreans leave before the end of the week, we issue a press release stating that some members of North Korea's embassy, which has now left Sweden, have committed illegal activities.

# 첨부 2.
# 스웨덴 수출보증위원회(EKN)
# 대스웨덴 북한 채무 관련 공보 자료

* 영어 자료를 저자가 번역

- How much is the North Korean debt to EKN?

  EKN에 대한 북한의 채무 액수는 얼마인가?

- SEK 3,173 million in December 2019.

  2019년 12월 현재 31억 7,300만 크로나임.

- How much was the claim originally?

  채무 원액은 얼마였나?

- SEK 600 million from the mid 70's.

  1970년대 중반 6억 크로나에서 시작하였음.

- What does EKN do to get the money back?

  채무를 상환받기 위해 EKN은 무슨 조치를 취하고 있는가?

- EKN has established an agreement with North Korea where the debt is determined. EKN sends notification of payment under the agreement twice a year. Mostly, EKN gets no response from North Korea.

EKN은 북한과 합의를 맺었고 이 합의에 근거하여 채무액을 결정함. EKN은 매년 2회 채무 상환 요구서를 발송하고 있음. 대부분은 북한으로부터 아무런 답신을 받지 못하고 있음.

- How long does the agreement apply?

  그 합의는 언제까지 유효한지?

- The agreement was reached in 2005 and expired in 2018. With the ambition to as soon as possible rectify the current situation, a letter dated September 23rd, 2019 was delivered by the Swedish ambassador to North Korea, underlining EKN's strong wish to conclude a follow-up agreement.

  그 합의는 2005년 이루어졌고, 2018년 만료되었음. 현재 상황을 가능한 조기에 해결하기 위해 후속 합의를 체결하자는 EKN의 강력한 희망을 담은 서한을 2019년 9월 23일 북한 주재 스웨덴 대사가 전달하였음.

- Has North Korea never paid? If they paid - when? How much have they paid?

  북한은 지금까지 채무를 한 번도 상환한 적이 없는지? 만약 상환한 적이 있다면 언제인지? 그리고 얼마를 상환하였는지?

- The last payment came in 1989 and amounted to 30 MSEK.

  마지막 상환은 1989년이었으며, 상환액은 3,000만 크로나였음.

- Will you get the money back?

  채무 상환을 받을 것인지?

- EKN reports on all its claims annually and will continue to do so. EKN's position is that claims will be recovered.

  EKN은 연례적으로 모든 채무를 보고하고 있으며 앞으로 계속 보고할 것임. EKN은 채무를 상환받는다는 입장임.


- What was the original transaction with North Korea that EKN guaranteed?

  당초에 EKN이 보증한 거래 내용은?

- There were several deals. The most discussed in media are Volvo cars. Other exporters were Atlas Copco, Asea, Kockums, Alfa Laval, among others.

  몇 가지 거래에 대한 수출 보증이며, 언론에 가장 많이 인용된 것은 볼보 자동차 수출 보증건임. 그 외에도 아틀라스 콥코, 아세아, 코쿰즈, 알파 라발 등의 거래에 대한 보증임.


- How many Volvo cars?

  볼보 자동차는 모두 몇 대인지?

- We cannot confirm exact number.

  정확한 대수는 확인하기 어려움.

스웨덴과 한반도

- What Volvo Type?

  볼보 자동차의 차송은?

- EKN does not have information about the Volvo models.

  EKN은 볼보 자동차의 모델에 관한 정보를 가지고 있지 않음.


- Why did companies export to North Korea?

  기업들의 대북한 수출 경위는?

- After the Korean conflict in 1953, there were strong Swedish hopes for good trade cooperation with North Korea. In April 1973, Sweden, as the first western state, recognized the People's Republic of North Korea. Many orders were made at the major Swedish industrial fair in North Korea 1975.

  1953년 한국 전쟁이 종료된 이후 북한과 좋은 거래를 하고자 하는 강한 희망이 스웨덴 기업들에 있었음. 1973년 스웨덴은 서방 국가 중 가장 먼저 북한을 승인하였음. 1975년 북한에서 개최한 스웨덴 산업 박람회에서 많은 주문이 이루어졌음.


- Will the claim on North Korea be negotiated with the Paris Club?

  북한 채무를 파리 클럽에서 교섭할 계획이 있는지?

- North Korea has never negotiated with the Paris Club. It does not mean that the Paris Club cannot be used. In order to negotiate a multilateral agreement with the Paris Club a strict conditionality is needed in accordance with the Paris Club principles. It is not very likely that negotiating such a deal with North Korea, is in the interest of the member countries involved.

북한은 한 번도 파리 클럽과 교섭한 적이 없음. 그러나 파리 클럽에서 협상하지 못한다는 의미는 아님. 파리 클럽과 다자 합의를 교섭하기 위해서는 파리 클럽 규정에 따른 엄격한 조건이 수반됨. 그런 합의를 북한과 교섭하는 문제에 관해 파리 클럽 회원국들이 관심을 가질 가능성은 극히 작음.

- How big is the North Korea claim in relation to other political claims?

  스웨덴에 대한 다른 국가들의 채무와 비교할 때 북한의 채무가 어느 정도 규모인지?

- North Korea's debt is the absolute largest claim that a country owes to EKN.

  EKN에 대한 북한의 채무는 다른 어느 나라보다 월등하게 큰 규모임.

# 첨부 3.
# 스웨덴-북한 관계 일지

| 연월일 | 주요 내용 |
|---|---|
| 1970년<br>3월 | • 스웨덴 좌경 학생들 북한에 관해 관심 갖기 시작<br>• 스웨덴-북한 친선협회 활동 개시<br><br>\* 스웨덴-북한 친선 협회(Svenska-Koreanska Föreningen)<br>: 1969년 설립, 설립 초창기 반전 평화운동가인 안드레아 안드린(Andrea Andreen, 女, 의사) 등 지명도 있는 인사들이 협회에 활동하면서 스웨덴-북한 수교 지지 여론 조성 역할도 하였으나, 구소련 붕괴 및 탈냉전 등 시대변화, 남북 간 국력 차이 현격화 및 세대교체 실패 등으로 현재는 고령(60~70대) 회원 30여 명 정도가 활동하며 명맥 유지 (주요 활동은 수백 명 회원 모집, 시위 조직, 북한 홍보 전시회·강연회 개최, 김일성 서적 서점 배포, 자체 홍보 잡지 발간 등) |
| 1970년<br>가을 | • 스톡홀름 북한 연락사무소Information Office 개설,<br>• ABF Huset에서 북한 홍보 전시회 개최 |
| 1970년<br>8월 24-26일 | • 북한 선전 전면 광고 3회 게재(김일성의 한반도 상황에 대한 인식 관련 김일성 인터뷰)<br>\* 1면당 비용: 1만 크로나 |
| 1971년 | • Villy Bergström(전 스웨덴 중앙은행 부총재) 북한 방문,<br>• "Bilder från NordkoreaImages from North Korea" 저술 |
| 1972년<br>가을 | • 스웨덴 수출보증위원회EKN의 북한에 대한 시장 평가<br>• 북한 무역사절단 스웨덴 방문 |
| 1973년<br>4월 7일 | • 스웨덴의 북한 승인 및 외교관계 수립 |
| 1973년<br>4월 10일 | • 한국 정부, 스웨덴의 대북한 수교에 대한 문제 제기를 외교 공한으로 스웨덴 정부에 전달(남북한 간 정치적 안보적 균형을 해칠 수 있다고 우려, 스웨덴의 북한 수교를 '비우호적인 조치'라고 규정) |
| 1973년<br>5월 24일 | • 중국 주재 스웨덴 대사Arne Björberg, 김일성 주석에게 신임장 제정(서방 외교관으로 첫 번째, 김일성 주석과 30분간 단독 면담, 최초로 스웨덴 언론 Dagens Nyheter에 직접 취재 허용) |
| 1973년<br>6월 29일 | • 소련 주재 북한대사(권욱경), 서방 정상에게는 처음으로 스웨덴 국왕Gustav VI Adolf에게 신임장 제정(당분간 대사대리 체제 운영) |

| 연월일 | 주요 내용 |
|---|---|
| 1973년 11월 20일 | • 최초의 스웨덴-북한 무역협정 체결기본 협정, framework agreement<br>* 양국의 수출 관심 품목 포함(스웨덴은 대부분 기계류 및 운송 수단, 북한은 광물, 금속, 전자 제품, 일부 농산물) |
| 1974년 3월 | • 스웨덴 주재 북한 초대 상주 대사(길재경) 부임 |
| 1975년 2월 | • Kaj Bjork 주중국 스웨덴대사 부임(주북한 대사 겸임) |
| 1975년 3월 | • Erik Cornell 주북한 스웨덴 대사대리 부임 및 공관 창설(서방 국가 중 최초 상주 외교 공관, 1977년까지 대사대리로 근무, 대사는 주중국 스웨덴대사가 겸임) |
| 1975년 4월 4일 | • 평양에서 스웨덴 산업박람회 개최 |
| 1976년 10월 | • 스칸디나비아 주재 북한 외교관의 밀수사건 발생 |
| 1976년 10월 | • 길재경 주스웨덴 북한 대사 자진 귀국(공관원 밀수사건 책임) |
| 1984년 | • Lars Bergquist 북경 주재 스웨덴대사 부임(북한 주재 겸임) |
| 1991년 | • 북한, 중립국 감독위원회 기능 정지 선언 |
| 1992년 | • 체코 주재 북한 외교관 스웨덴에서 마약 소지 혐의로 체포(10년형 선고) |
| 1993년 | • 북한, 체코슬로바키아 중립국 감독위원회(판문점)에서 축출 |
| 1995년 | • 북한, 폴란드 중립국 감독위원회(판문점)에서 축출<br>• 스웨덴의 대북한 인도적 지원 시작<br>• 스웨덴의 유럽연합 가입 |
| 1995년 7월 | • 북한 주재 스웨덴 공관 철수 결정(북한의 채무 상환 불이행이라는 경제적 갈등과 북한 외교관 밀수 사건 계기) |
| 1995년 9월 | • 1994년 10월 제네바 북핵 문제 합의 등 북미 관계 개선 조짐에 따라 미국이 이익대표부 역할을 요청하여 북한 주재 스웨덴 공관 유지 결정(현재 미국, 캐나다, 호주의 이익대표부 역할 수행) |
| 1996년 7월 | • 스웨덴 주재 북한 외교관 2차 밀수사건 발생, 대사(김흥림) 포함 밀수 연루 외교관(한창엽 참사 포함 대다수 외교관) 추방<br>* 태영호 주덴마크 2등서기관 스웨덴 파견 근무 |
| 2009년 11월 | • 러시아 주재 북한 외교관 2명 밀수 혐의로 스웨덴에서 체포(담배, 술) |

스웨덴과 한반도

| 연월일 | 주요 내용 |
|---|---|
| 2001년<br>5월 2~3일 | • 요란 페르손 스웨덴 총리 EU 의장국 대표 자격 방북<br>* 서방 정상으로 첫 공식 방문<br>* 하비에르 솔라나 EU 외교 안보 공동정책 고위 대표, 크리스토퍼 패튼 EU 대외관계 담당<br>　집행위원 동행 |
| 2017년<br>1월 | • 미국 트럼프 대통령 취임, 스웨덴 안보리 비상임이사국 활동 시작(안보리<br>의장국 수임) |
| 2017년<br>4월 | • 렉스 틸러슨 미 국무장관 주최 안보리 이사국 외교장관 회의 개최<br>* 스웨덴 안니카 쇠더 외교부 차관 참석 |
| 2017년<br>5월 | • 한국 문재인 정부 출범 |
| 2017년<br>5월 | • 북한 김선경 외무성 유럽국장 스웨덴 방문 |
| 2017년<br>6월 | • Kent Härstedt 의원 방북, 오토 웜비어 석방 |
| 2017년<br>8월 | • 임현수 캐나다 목사 석방 |
| 2017년<br>11월 | • 북한 김선경 외무성 유럽국장 스웨덴 방문 |
| 2017년<br>9월 | • 트럼프 대통령 유엔총회 연설,<br>• 발스트룀 스웨덴 외교장관, 북한 이용호 외무상 유엔총회장 면담 |
| 2017년<br>9월 29일 | • Kent Härstedt 한반도 담당 특사 임명 |
| 2018년<br>1월 | • 미국·캐나다 외교장관 주최 북한 문제 관련 밴쿠버 회의 개최<br>* 스웨덴 안니카 쇠더 외교부 차관 참석 |
| 2018년<br>1월 29-30일 | • 한성렬 북한 외무 부상 스웨덴 방문 |
| 2018년<br>2월 | • 북한의 평창 동계올림픽 참가 |
| 2018년<br>3월 | • 스테판 뢰벤 스웨덴 총리 방미,<br>• 트럼프 대통령-김정은 위원장 북미정상회담 개최 합의 |
| 2018년<br>3월 15-17일 | • 이용호 북한 외무상 스웨덴 방문 |

| 연월일 | 주요 내용 |
|---|---|
| 2018년<br>3월 25-28일 | • 김정은 위원장 중국 방문 |
| 2018년<br>3월 말-4월 초 | • 폼페오 미 국무장관 내정자(CIA 국장) 북한 극비 방문 |
| 2018년<br>4월 27일 | • 문재인-김정은 판문점 1차 남북정상회담 개최 |
| 2018년<br>5월 8일 | • 폼페오 국무장관 방북(김정은 면담), 발스트룀 스웨덴 외교부 장관 폼페오와<br>통화 |
| 2018년<br>5월 | • 싱가포르 제1차 북미정상회담 개최 확정 |
| 2018년<br>5월 24일 | • 트럼프, 1차 북미정상회담 취소 편지 김정은에게 발송 |
| 2018년<br>5월 26일 | • 문재인-김정은 판문점 2차 남북정상회담 개최 |
| 2018년<br>6월 12일 | • 싱가포르 제1차 북미정상회담 개최 |
| 2019년<br>1월 19-21일 | • 스톡홀름국제평화문제연구소SIPRI 및 스웨덴 외교부 공동 주최 남북미 북핵<br>수석대표 회의<br>＊북한 최선희 부상 스웨덴 방문, 장소 : 스톡홀름 외곽 하크홀름순트 |
| 2019년<br>2월 27-28일 | • 하노이 제2차 북미정상회담 개최 |
| 2019년<br>6월 30일 | • 판문점 남북미 정상 회동 |
| 2019년<br>7월 | • Kent Härstedt 스웨덴 한반도 특사단 북한 방문(알렉 시글리 석방) |
| 2019년<br>10월 5일 | • 북-미 고위급 실무회담 스톡홀름 개최<br>＊북한 김명길 순회대사, 미국 비건 국무부 부장관 참석 |
| 2020년<br>1월 | • 미국 바이든 행정부 출범 |

# 첨부 4.
## 역대 주북한 스웨덴 대사 명단

| 부임 | 이름(주재 형태) | 스웨덴 총리 | 북한 수반 | 이임 |
|---|---|---|---|---|
| 1973 | Arne Björnberg<br>(주중국대사, 겸임) | Olof Palme | Kim Il-sung | 1974 |
| 1975 | Kaj Björk<br>(주중국대사, 겸임) | Olof Palme | Kim Il-sung | 1980 |
| 1975 | Erik Cornell<br>(주북한 상주, 대사대리) | Olof Palme | Kim Il-sung | 1977 |
| 1977 | Karlerik Nordenquist<br>(주북한 상주, 대사대리) | Thorbjörn Fälldin | Kim Il-sung | 1979 |
| 1980 | Sten Sundfeldt<br>(주북한 대사) | Thorbjörn Fälldin | Kim Il-sung | 1982 |
| 1982 | Per Fritzson<br>(대사대리) | Olof Palme | Kim Il-sung | 1983 |
| 1984 | Lars Bergquist | Olof Palme | Kim Il-sung | 1988 |
| 1988 | Björn Skala<br>(주오스트리아 대사 겸임) | Ingvar Carlsson | Kim Il-sung | 1992 |
| 1992 | Sven Linder<br>(주중국 대사 겸임) | Carl Bildt | Kim Il-sung | 1997 |
| 1995 | Åke Lövquist<br>(주북한 대사대리) | Ingvar Carlsson | Kim Jong-il | 1997 |
| 1997 | Kjell Anneling<br>(주북한 대사) | Göran Persson | Kim Jong-il | 2001 |
| 2001 | Paul Beijer<br>(주북한 대사대리) | Göran Persson | Kim Jong-il | 2002 |
| 2002 | Paul Beijer<br>(주북한 대사) | Göran Persson | Kim Jong-il | 2005 |
| 2005 | Mats Foyer | Göran Persson | Kim Jong-il | 2010 |
| 2010 | Barbro Elm | Fredrik Reinfeldt | Kim Jong-il | 2012 |
| 2012 | Karl-Olof Andersson | Fredrik Reinfeldt | Kim Jong-un | 2014 |
| 2014 | Torkel Stiernlöf | Stefan Löfven | Kim Jong-un | 2017 |
| 2017 | Jonas Michael Wendel | Stefan Löfven | Kim Jong-un | 2019 |
| 2019 | Joachim Bergström | Stefan Löfven | Kim Jong-un | 2021 |
| 2021 | Andreas Bengtsson | Magdalena Andersson | Kim Jong-un | |